高等职业院校
考试招生制度研究

王 棒⊙著

江西人民出版社
Jiangxi People`s Publishing House
全 国 百 佳 出 版 社

图书在版编目（CIP）数据

高等职业院校考试招生制度研究 / 王棒著 .-- 南昌：
江西人民出版社 , 2023.10
ISBN 978-7-210-14920-0

Ⅰ.①高… Ⅱ.①王… Ⅲ.①高等职业教育—招生制
度—研究—中国 Ⅳ.① G718.5

中国国家版本馆 CIP 数据核字（2023）第 201977 号

高等职业院校考试招生制度研究
王棒 著

GAODENG ZHIYE YUANXIAO KAOSHI ZHAOSHENG ZHIDU YANJIU

责 任 编 辑：饶　芬
装 帧 设 计：同异文化传媒

江西人民出版社　出版发行
Jiangxi People's Publishing House
全国百佳出版社

地　　　　址：江西省南昌市三经路 47 号附 1 号（邮编：330006）
网　　　　址：www.jxpph.com
电 子 信 箱：jxpph@tom.com
编辑部电话：0791-86898683
发行部电话：0791-86898815
承　印　厂：江西新华印刷发展集团有限公司
经　　　销：各地新华书店

开　　　　本：787 毫米 × 1092 毫米　1/16
印　　　　张：10.25
字　　　　数：142 千字
版　　　　次：2023 年 10 月第 1 版
印　　　　次：2023 年 10 月第 1 次印刷
书　　　　号：ISBN 978-7-210-14920-0
定　　　　价：48.00 元
赣版权登字 -01-2023-474

目　录

绪　论

　　高等职业教育作为高等教育的重要组成部分，在我国整个国民教育体系中发挥着举足轻重的作用，承担着为我国培养实践能力较强的应用型人才、技术技能型人才的重要任务。因此，我们在重视普通高等教育的同时，也要重视高等职业教育的发展。考试招生制度作为高等职业院校选拔生源的入口关，是一个关乎高等职业院校生存以及高等职业教育发展的重要因素。然而，从 1949 年到 21 世纪初，我国高等教育一直实行精英教育，无论是人才培养目标还是课程内容等，都将高等职业教育视为普通本科教育的"压缩版"，不仅将为普通高校选择合适生源的统一高考总分作为高等职业院校入学成绩，而且录取批次也安排在普通高校之后。这种政策安排不仅忽视高等职业教育的职业属性，使高等职业院校难以招收到符合自己培养要求的生源，也使高等职业教育受到社会冷落，社会地位降低。测验理论认为，一个测验对于它的特殊目的、功能和适用范围是正确的、有效的，但对另一种目的、功能和适用范围可能就是不正确的、无效的；对于任何一种目的、功能和适用范围都有效的测验是不存在的。因此，探索符合高等职业教育基本特征、满足高等职业院校招生要求的考试招生制度显得十分必要。

　　高等教育进入普及化阶段以后，我国高校招生录取率节节攀升。

2012 年，我国高校的平均录取率已达 75%①，与 20 世纪 80 年代初相比，增长 10 倍以上。由此可见，高等教育的"全入时代"并非遥不可及。然而此时的高入学率是由普通高校，尤其是本科院校实施扩招政策造成的。扩招大大增加了考生进入更高水平高校读书的机会，使得许多本来分数只够普通本科的考生可以进入重点本科读书，使得许多本来分数只够高等职业院校的考生可以进入普通本科读书。而这造成的最直接的后果就是，在绝对生源没有大幅增加的情况下，高等职业院校的生源越来越少。扩招反而使得高等职业院校的生源竞争更加激烈，给高等职业院校的招生工作带来了巨大冲击。近些年来，随着我国高职教育规模的逐渐壮大，高等职业院校在国家的大力扶持下获得了迅速发展，招生人数不断增加，已经成为我国高等院校中不可或缺的力量。

为了提高高等职业院校的办学质量，为高等职业院校招收更合适的生源，提高高等职业院校的竞争力，高等职业院校的考试招生制度开始受到关注，政府部门也出台了一系列政策文件对考试招生制度改革予以指导。2013 年教育部出台《关于积极推进高等职业教育考试招生制度改革的指导意见》，要求"按照有利于科学选拔人才、促进学生健康发展和维护社会公平的原则，逐步与普通本科考试分离，重点探索'知识 + 技能'的考试评价办法，为学生接受高等职业教育提供多样化入学形式"②。山东、江苏、江西、四川、福建、安徽等地对"职教高考"进行了试点，并取得了良好的经验。③2014 年 9 月国务院又在《国务院关于深化考试招生制度改革的实施意见》（以下简称《实施意见》）中明确提出要加快推进高等职业院校分类考试，将高等职业院校考试招生与普

① 中国教育在线 .2013 年中国教育在线高招调查报告 [EB/OL].[2023-8-10].https://www.eol.cn/html/g/report/2013/report1.shtml#baogao1-1.

② 中华人民共和国教育部 . 教育部关于积极推进高等职业教育考试招生制度改革的指导意见 [EB/OL].http://www.moe.gov.cn/srcsite/A15/moe_776/s3258/201305/t20130508_152732.html.

③ 周世祥 . 职教高考，如何拓展人才成长宽度 [N]. 光明日报，2023-1-10 .

通高校相对分开，实行"文化素质＋职业技能"的评价方式，到2015年通过分类考试录取的学生占高等职业院校招生总数的一半左右，2017年成为主渠道。[①]2019年国务院印发《国家职业教育改革实施方案》，提出"建立'职教高考'制度，完善'文化素质＋职业技能'的考试招生办法，提高生源质量，为学生接受高等职业教育提供多种入学方式和学习方式"[②]。2021年教育部印发《教育部办公厅关于进一步完善高等职业院校分类考试工作的通知》，要求"坚持科学选拔人才，遵循高等职业教育人才培养规律，进一步完善'文化素质＋职业技能'职教高考制度"[③]。这些文件对高等职业院校考试招生制度的改革提出了更加迫切的要求。

一、研究什么

（一）研究对象及内容

高等职业院校的学生主要包括两个来源：普通高中毕业生与高级职业中学、中等专业学校、技工学校的毕业生（简称"三校生"）。[④]本书的研究对象主要是为高等职业院校从普通高中毕业生和"三校生"中选拔合适生源提供服务的考试招生制度。研究主要探究高等职业院校应该依据什么原则制定招生标准，应当制定什么样的招生标准；在招生过程中主要通过哪些考试方式鉴定考生的知识或能力水平，这些考试方式又如何体现招生标准的原则；这些考试方式应该如何定位，它们在实施

① 国务院.国务院关于深化考试招生制度改革的实施意见[EB/OL].https://www.gov.cn/zhengce/content/2014-09/04/content_9065.htm.
② 国务院.国务院关于印发国家职业教育改革实施方案的通知[EB/OL].https://www.gov.cn/zhengce/content/2019-02/13/content_5365341.htm.
③ 教育部办公厅.教育部办公厅关于进一步完善高职院校分类考试工作的通知[EB/OL].（2021-11-18）[2023-8-1].http://www.moe.gov.cn/srcsite/A15/s7063/202201/t20220129_596842.html?from=timeline&isappinstalled=0.
④ 韩苏曼，周丹妮.上海本科院校中"普高生"与"三校生"学习力比较研究[J].上海教育科研，2014（07）:30-32.

过程中存在哪些具体的问题，应该怎样优化；考试成绩怎样呈现以及录取过程中如何进行综合评价等。概言之，本书研究对象是我国高等职业院校的考试招生制度，研究内容主要包括高等职业院校招生标准的制定原则，符合招生标准要求的考试方式、考试内容以及招生录取的具体决策机制等。

（二）概念界定

题目中核心概念的厘清、界定尤为重要。本书主要研究高等职业院校的考试招生制度，所以有必要对其中的"高等职业院校"和"考试招生制度"两个概念进行界定。

1.高等职业院校

高等职业教育作为我国高等教育的重要组成部分，它主要承担培养实践能力较强的应用型、技术技能型人才的重要任务。高等职业教育作为高等教育的一种类型，与普通高等教育并列，共同组成我国的高等教育体系。实施高等职业教育的机构则称为高等职业院校。高等职业院校是我国高等学校的重要组成部分，是指以培养具有一定理论知识和较强实践能力，面向市场、面向基层、面向生产、面向服务和管理一线职业岗位的高素质技术型和技能型专门人才为目的的高等教育机构。

世界各国、各地区对于承担高等职业教育任务的机构的称谓各有不同。英国的"多科技术学院""技术学院"和"理工科大学"、德国的"高等专业学院"和"职业学院"、美国的"社区学院"、日本的"短期大学"和"高等专门学校"、法国的"短期技术学院"和"高级技术员班"、丹麦的"职业学院"、芬兰的"多科技术学院"、荷兰的"高等职业学院"、新加坡和印度的理工学院等都承担着实施高等职业教育的使命。

长期以来，我国高等职业教育仅停留于专科层次，以至于直接将高等职业院校称为高职高专。为打破职业教育的"天花板"，2019年2月，国务院在《国家职业教育改革实施方案》中提出要"开展本科层次职业教育试点"。随后，陆续有高等职业院校通过"专升本"升级为本科职业大学。截至目前，教育部批复的本科层次职业教育试点院校已有山东外国语职业技术大学、山东工程职业技术大学、山东外事职业大学、泉州职业技术大学、南昌职业大学、南京工业职业技术大学、深圳职业技术大学等40多所。本书中的高等职业院校则包括高职高专与本科职业技术大学两个层次。

2.考试招生制度

本研究所使用的"考试招生制度"包括"高等职业院校考试制度"和"高等职业院校招生制度"两个部分。前者是指"为高等职业院校选择合适生源而采用的测度、甄别考生在知识、能力、技能等诸方面素质差异而组织的各种考试"[①],如全国统一高等学校入学考试、高中学业水平考试、职业技能测试等;后者是指"高等学校招收、录取新生的政策、条件、办法等的总称"[②]。考试制度和招生制度是密不可分的,两者共同构成完整的高等职业院校考试招生制度。近期政策文件中多将高等职业院校考试招生制度简称为"职教高考"。由此,本书中出现的"职教高考"也指高等职业院校考试招生制度。

现阶段,我国高等职业院校选拔生源的方式主要是在高中毕业生原有知识测验的基础上进行选拔,即除去极少部分毕业生是通过保送、推荐的方式外,大部分毕业生还是将大规模统一高考或高校自主招生考试作为入学考试方式。招生录取制度非常单一,统一高考的分数在高等职业院校招生录取过程中发挥较大作用,几乎成为录取的唯一标准。

2014年9月4日国务院出台的《实施意见》提出,"加快推进高等职业院校分类考试,实行'文化素质+职业技能'评价方式。中职学校毕业生报考高等职业院校,参加文化基础与职业技能相结合的测试。普通高中毕业生报考高等职业院校,参加职业适应性测试,文化素质成绩使用高中学业水平考试成绩,参考综合素质评价",2017年分类考试成为主渠道。因此,本书中所指的考试制度主要包括高中学业水平考试、

---

① 吴根洲.高考效度研究 [M].武汉:华中师范大学出版社,2008:34.
② 顾明远.教育大辞典(增订合编本)[M].上海:上海教育出版社,1998:413.

职业技能测试、综合素质评价三种考试方式，招生制度主要指综合评价机制。

二、已有研究

通过查阅相关著作、论文等文献资料发现，目前关于高等职业院校考试招生的研究多局限于考试的某一个或几个环节，研究显得混乱零散，且多限于经验层面的认识与总结，缺乏系统的理论基础支撑。现对目前与本书探讨内容相关的一些问题做如下综述：

目前，国内关于高等职业院校考试招生制度的研究成果多以论文的形式呈现，著作比较少；而研究主题也主要聚焦于以下六个方面：一是考试招生制度的历史变迁研究，二是考试招生制度的基本理论研究，三是考试招生制度的建设困境与出路研究，四是考试内容设计与技能考试组织研究，五是考试招生制度的相关政策研究，六是国外考试招生制度的借鉴与启示研究。

（一）考试招生制度的历史变迁研究

考试招生制度是国家的基本教育制度，在加快构建职教高考制度之际，不少学者对我国四十余年来高等职业院校考试招生制度的历史变迁规律进行了总结。依据高等职业院校招生制度与普通高考关系的变化，高等职业院校考试招生制度经历了依附普通高考的制度生成阶段、实施分类考试的制度分化阶段、构建职教高考的制度独立阶段[①]；伴随着高等职业教育的发展，考试招生制度经历了萌芽阶段（1982—1998 年）、探索阶段（1999—2010 年）、发展阶段（2011 年至今）[②]；还有学者将高等职业院校考试招生制度划分为专科教育考试恢复阶段（1978—1984 年）、高等职业教育考试招生制度探索阶段（1985—1995 年）、高等职业教育

---

① 陈顺利、吴根洲.历史制度主义视野下的中国高职招生制度变迁[J].职教论坛，2022（10）:5-14.

② 董照星、王伟宜.我国高职院校考试招生制度改革的回顾与审视[J].教育与职业，2020（17）:27-34.

考试招生制度调整阶段（1996—2009 年）、高等职业教育分类考试招生制度发展阶段（2010 年至今）四个阶段[①]。在研究历史变迁规律时，学者们也对以往职教高考的模式进行了提炼总结。有学者按照考试科目和内容，将高等职业院校分类考试招生分为四种模式："文化素质 + 技术科目 + 职业倾向能力"考招模式、高职与本科贯通培养考招模式、"文化素质 + 职业技能"考招模式、中高职贯通培养转段考招模式等[②]；也有学者依据政策文件，总结出单独招生、中高职贯通培养、综合评价、免试入学、对口招生等考招形式[③]；有学者依据招生院校、考试时间、考试内容、录取办法、生源分类等将高职考试招生模式分为七种："单考单招""统考单招""统考统招""综合评价""注册入学""对口招生""贯通培养"等[④]；有学者将目前中国职教高考总结为"六模式十二类型"[⑤]；凌磊等则在此基础上，将高等职业院校考试招生模式总结为"七种类十二方式"，"七种类"包括统一高考、春季高考、单独招考、自主招生、中高职衔接、注册入学、免试入学，"十二方式"包括统一录取、专项录取、提前招生、五年一贯制、申请注册制、申请入学等[⑥]。

（二）考试招生制度的基本理论研究

构建适应高等职业教育发展需要的职教高考制度既是实践问题，也是理论问题，需要学者进行深入的理论研究。适应性与选拔性的矛盾关系是构建职教高考不得不面对的一个理论问题。在职教高考适应性与选

① 袁潇，高松 . 改革开放 40 年来高等职业教育考试招生制度改革探析 [J]. 复旦教育论坛，2019（01）:76-82.

② 袁潇，高松 . 高职院校分类考试招生制度研究 [J]. 高教探索，2018（10）:72-78.

③ 董照星，袁潇 . 高职院校分类考试招生的途径、问题和对策研究 [J]. 中国职业技术教育，2018（02）:5-9.

④ 程静，杨偲艺，蒋丽华 . 高职分类考试招生的主要模式、问题及对策 [J]. 教育与职业，2019（16）:88-92.

⑤ 李鹏，石伟平 . 职业教育高考改革的政策逻辑、深层困境与实践路径 [J]. 中国高教研究，2020（06）:98-103.

⑥ 凌磊 . 被赋予的多样性 : 我国 "职教高考" 制度的困境与出路 [J]. 中国高教研究，2022（01）:63-68.

拔性的矛盾关系中，适应性居于主导地位，但这并不意味着职教高考不需要选拔性。中等职业学校升学端口的完全开放会使职教高考的选拔性特征越来越明显。职教高考必须处理好适应性与选拔性之间的关系，寓选拔性于适应性，以适应性引领选拔性。具备适应性与选拔性双重特征的职教高考才能为职业高等教育招收到合适的优秀生源，从而保证人才培养质量①。在理论定位上，基于职业教育在我国教育体系中作为类型教育地位的确立，职教高考在职能上应定位于满足不同类型与层次的高等职业院校招生需求，在性质上应定位于国家选拔培养高素质技术技能人才、能工巧匠、大国工匠的基础性教育考试制度。职教高考制度的构建既要尊重高校考试招生录取的组织规律，又要尊重高等职业人才的教育规律②。职教高考旨在更好促进社会流动、促进产教发展、促进人力资本积累、促进人的自由全面发展；本质是以强化职业教育属性特征和类型特色为路径，为个人自由全面发展提供技术技能通道，为国家发展和经济建设选拔培养技术技能人才③。在价值取向上，职教高考制度应遵循效率优先、公平公正、科学导向等基本原则，为国家建设选拔技术技能人才、为服务区域经济选拔产业链匹配人才、为类型教育选拔高素质潜能人才；应遵循以需求为起点、以技术为主线、以人才全面成长为终点的逻辑构架④。从类型教育的视域来看，职教高考制度是彰显职业教育类型特征的创新之举，是推进职业教育提质培优的关键之举，是实现教育公平均衡发展的战略之举⑤。

---

① 吴根洲.职教高考的适应性与选拔性[J].职教论坛，2021（06）；49-52.

② 李木洲.职教高考的现实基础、理论定位与体系构建[J].职教论坛，2021（06）：44-48.

③ 冯小红.职教新高考制度：本质、必然与选择[J].中国职业技术教育，2023（01）：14-21.

④ 冯小红."职教高考"制度的价值取向与实践路向[J].中国考试，2022（04）：10-16.

⑤ 张锋利、张立锋.类型教育视域下职教高考制度内涵价值与实践策略[J].职教论坛，2022（10）：15-21.

党的二十大报告提出以中国式现代化全面推进中华民族伟大复兴的战略任务后，不少学者开始基于中国式现代化对教育问题进行研究。比如，基于中国式现代化的理论体系和话语逻辑，审视新时代职教高考制度的改革方向和发展定位，认为中国式职教高考现代化的本质是服务人的现代化，其价值追求是通过职教高考的导向作用，促进高层次技术技能人才的成长和培养，满足建设教育强国和人才强国战略的客观需要，回应人民对满意教育和多元教育的必然要求；以公平、科学、效率为选才原则，以优化职业教育类型化定位、推动职业教育信息化建设、促进职业教育现代化体系构建为战略任务①。还有学者对职教高考中招考关系的演进脉络进行梳理发现，职业教育招考模式改革的核心是协调职业院校和政府之间，围绕自主发展权和职业教育治理的国家事权所形成的关系，本质是对教育资源分配权的博弈。从招考一体到招考分离，有利于提升考试招生工作的专业性与效率，未来应处理好中央、地方和学校在招考分离制度中的权责关系，建立第三方评价机构和项目认证制度，把提升学生对职业院校的选择自由度作为招考制度的首要任务②。

"职教高考"与其他事物之间的关系研究也是职教高考基本理论研究主题的重要组成部分。经过发展，普通高考尽管还存在一定的问题，但是它在为普通高等教育选拔人才方面发挥着举足轻重的作用。将高考综合改革成功经验融入"职教高考"制度建设中，推进技能考试体系建设，拓宽高等职业教育入学途径，引导考生在中高等职业教育之间适配衔接发展，对于提高职业教育人才选拔分流的科学性、推进高等职业教育高质量发展、完善国家职业教育体系具有重要作用③。高考形态与国家经济社会背景之间存在强关联性。普及化阶段，高考开始展现出与经济社会

---

① 冯小红. 浅析中国式职教高考现代化 [J]. 中国考试，2023（01）：21-25.

② 陈礼业，李政. 招考一体还是招考分离：我国职教高考改革中的考试招生关系研究 [J]. 职教论坛，2023（03）：45-52.

③ 柳靖，刘超. 高考综合改革对"职教高考"制度建设的启示与借鉴——基于选拔分流功能视角 [J]. 职教论坛，2023（04）：14-20.

发展之间的不适应，即技能偏向型经济增长方式需要有效的技术型人才再生产，而现行高考的育人框架不适配技术型人才的识别和再生产，需要构建与现行高考相协同的职教高考[1]。职教高考也对"双减"有积极作用。职教高考在消解"双减"改革难题方面存在三种内在机制：一是促进社会资源形成多元化的分配机制，有助于缓解"双减"改革的文凭社会困境；二是助力形成"文化—实体"的层创机制，有利于缓解"双减"底层的"官本位"文化困境；三是生成技能型文化激活自发机制，有利于突破偏颇观念在家庭代际传递的困境[2]。

（三）考试招生制度的建设困境与出路

构建适合的职教高考制度已在职教领域形成广泛共识，但是在实践层面职教高考制度建设还存在诸多困境需要破解。学者们针对职教高考制度建设中存在的困境进行了广泛研究，并提出了相应的解决之道。

第一，生源多样性带来的挑战。与普通高等教育不同，高等职业教育的潜在生源具有目标多样、类型各异、文化基础相对薄弱、文化与技能水平不均衡等特点。具体来说，拟接受高等职业教育的生源主要有三类：第一类是中职学校（包括中专学校、技工学校）毕业生，特点是职业技能较强但文化基础较弱；第二类是普通高中毕业生，特点是文化基础相对较好，但职业技能缺乏；第三类是非传统生源，包括退役军人、下岗失业人员、农民工、高素质农民等，特点是文化基础和职业技能均有不足。可见，三类生源在学业基础与技能水平上都存在差异[3]。从二维的视角进行划分，生源可分为传统生源和非传统生源。普通高中毕业生与中职毕业生构成传统生源，他们无论是在年龄结构、心理结构以及

---

① 姜蓓佳.构建与现行高考制度协同发展的职教高考制度 [J].职教论坛,2023（03）:31-38.

② 宾恩林.职教高考消解"双减"改革难题的内在机制与构建策略 [J].职教论坛,2022（02）:38-45.

③ 柳靖、刘超、柳桢.职教高考制度建设的关键领域：功能完善、省域统筹与生源引导 [J].职业技术教育,2023（06）:15-19.

生活结构等方面均处于就学适龄期；而百万扩招政策下带来的是退伍军人、下岗职工、农民工等以社会群体为主的非传统生源，他们在年龄结构、心理结构以及生活结构上均不同于传统生源，一定程度上给高等职业院校考试招生带来极大挑战①。我国即将进入高等教育普及化阶段，将来成人大学生越来越多地出现在高职学校会成为新常态，高等职业院校考试招生制度必须做出回应②。面对如此复杂多样的生源群体，职教高考在考试组织过程中，应统筹考虑、综合设计，为不同的生源群体提供合适的考试入学方式③。

第二，招生形式多样化带来的公平问题。我国高等职业院校在招生工作中处于相对弱势地位，为谋求发展空间，高等职业院校在高考招生之外，采取了一系列以自主招生为代表的招生办法。此举虽然有效缓解了高等职业院校招生困境，但是对于不同的职教高考类型，例如春季高考、对口单招、自主招生、中高职衔接、注册入学、大赛直升等，各省评判标准不尽相同，同一个地区不同学校的评判标准也有差异④。招生标准形式多样以及生源的多样性，给考试招生制度、教育公平带来了挑战。比如，多元招生形式泛滥，影响职教高考制度的公平性；多元招生标准不统一，影响职教高考的考核公平⑤。在缺乏科学、权威的能力标准，以及缺乏对职业能力进行合理解构的前提下，各省市分类考试的内容呈现"碎片化"的特点。首先，考试内容同时来源于国家标准、行业

---

① 刘芳.百万扩招下的"职教高考"制度构建研究 [J].中国职业技术教育，2019（31）：25–29.

② 孙善学.完善职教高考制度的思考与建议 [J].中国高教研究，2020（03）：92–97.

③ 姜蓓佳，徐坚.构建职教高考制度的动因、意义与行动 [J].国家教育行政学院学报，2022（02）：52–60.

④ 李淑娟.职教高考制度建设的区域实践——以江苏、山东、河南三省为例 [J].职业技术教育，2023（06）：20–25.

⑤ 朱晨明，朱加民.现代职业教育高质量发展背景下"职教高考"制度建设研究 [J].教育与职业，2022（06）：21–28.

标准、地方标准和企业标准，具体如何选择缺乏严谨的界定和判断。其次，专业知识考试内容和技能操作考试内容之间难以围绕能力形成匹配和协同的关系，可能导致知识与技能考试的割裂。最后，由于缺乏对能力的系统性分析和梳理，所选择的工作任务及其对应的知识和技能点是否具有典型性和合理性，均值得商榷①。此外，不同区域之间的公平性问题依旧显著。各省、各地区之间的教育资源、考生数额也会有所差异，因而，学生的录取概率与发展机会之间的差异也比较悬殊。然而，由于技能考试本身的复杂性、实施经验的缺乏，对技能高考公平性的质疑在所难免②。加上国家对于考试内容、考试方式等缺乏有效监管③，考试招生的公平性问题成为制约职教高考制度建设的一大障碍。

第三，普职融通不畅阻碍职教高考制度建设。普职融通是我国不断推进和深化职业教育发展的重大举措，对于建造我国人才培养的"立交桥"具有重要的指引意义，同时也是扩大"职教高考"生源基数、优化"职教高考"生源结构的关键性举措④。尽管目前在部分地区已经取得了成效，但普职融通机制尚不完善，一定程度上还存在诸多问题。一些地方的普通高中和中职学校实施了合作办学，但双方院校在教育资源配置、师资力量协调、学生升学等方面尚未建立完善的运行机制；普职融通支持保障力度不足，比如人民群众"重普轻职"的观念仍在、学生参与的积极性不高、保障制度不完善等⑤。横向融通功能发挥不足，职教高考改

① 李政.我国高职分类考试招生：价值意蕴、问题表征与改革路径 [J].中国考试，2021（05）：40-47.

② 李鹏，石伟平.职业教育高考改革的政策逻辑、深层困境与实践路径 [J].中国高教研究，2020（06）：98-103.

③ 纪占武.技能型社会建设背景下"职教高考"制度建设审思 [J].教育与职业，2022（19）：48-51.

④ 李金波.深化高考综合改革构建"职教高考"的思考 [J].中国高教研究，2022（11）：96-102.

⑤ 陈虹羽，曾绍玮.类型教育视角下职教高考制度建设的逻辑要求、难点及对策 [J].教育与职业，2021（10）：13-20.

革过程中未能充分突出职教高考的职教类型特色，在推动职业教育内容向普通教育渗透、融通中等普职教育方面存在不足；纵向衔接路径不通畅，通过职教高考招生的院校仍以高等职业院校为主，应用型本科、综合性大学参与少，未能通过考试招生制度改革完全打通职业院校学生进入高等院校求学的通道，畅通纵向衔接路径存在阻碍[①]。职教高考难以从统招高考中完全分离出来，职业教育的类型独立条件不具备；普通高考与职教高考之间融通衔接机制不健全，职教高考的公信力尚不能得到公认；职教高考与普通高考等值的尺度尚缺，职教高考的吸引力有待检验[②]。

第四，考试招生组织实施不科学。职教高考制度是适应职业教育发展需要的考试招生制度，需要国家提供顶层设计指引。但是，目前顶层设计不够完善，缺乏具体路径指引，导致各省级部门统筹落实不充分。一是欠缺明确的顶层设计给予有效的制度参照，导致省级层面在具体设计组织各类职教高考实施细则时缺乏权威的制度依据；二是职教高考多元化的招考方式给相关部门的统筹管理提出极大挑战[③]。有学者建议建立专门的外部保障体系以协调利益主体，建设职教高考的衔接机制，比如建立省级职业教育考试院，下设招生处、考试处、科研处、命题中心等机构，对标负责普通高考的考试院；完善国家专业教学标准与职业资格证书制度，保证职教高考"有法可依"；建设试题资源库，促进职教高考的"可持续发展"[④]。同时，高考改革牵涉千家万户，只能采取渐进式的改革方式，但现实中仍存在成本控制与责任分担的问题。一是渐进

①　张晓超，邵建东．职教高考改革的现实困境、应然取向与优化路径 [J]．教育与职业，2023（02）：41–46.
②　李鹏，石伟平．职业教育高考改革的政策逻辑、深层困境与实践路径 [J]．中国高教研究，2020（06）：98–103.
③　张晓超，邵建东．职教高考改革的现实困境、应然取向与优化路径 [J]．教育与职业，2023（02）：41–46.
④　王笙年．职教高考考试模式及其制度体系构建探讨 [J]．职教论坛，2020（07）：20–26.

性的职教高考改革难以实现深度变革，渐进性的改革可能在深度变化上需要耗费更多的时间与精力；二是从渐进性的变革到深度变革，改革的成本难以控制，比如过程中的时间成本、经济成本、社会成本等都是难以计算和控制的，会影响职业教育高考改革的彻底性；三是改革的风险与责任分担存在困难，比如不能让学生和社会公众成为改革的试验品和改革失败的承受者，也难以将重大的风险和责任落实到改革中的具体个人，因为个人不足以承担如此大的风险[①]。分类考试的具体操作也面临诸多困难，比如现有职业技能考试注重理论性，造成实际操作上的困难；考试次数过多让考生疲于应考；考试过程复杂，组织难度大；技能操作考试实施过程存在人身安全、交通安全等隐患[②]。

第五，企业等利益相关方的缺失。利益相关方存在缺失是指当前涉及职教高考的各级政策中，对学生、学校、政府的职责都有相应规定，但是对行业企业、考试机构等其他利益相关方较少提及[③]。作为与产业联系最紧密的教育类型，职业教育的人才培养应对接产业链和职业岗位，服务产业需求，行业企业对高等职业院校录取生源的职业潜质和职业技能应有相应的评价权。但实际上，高等职业院校考试招生过程中的职业技能测试缺乏行业企业等用人单位的参与。一是我国职教高考仍以政府和学校为主要招考主体，企业行业参与度较低，企业行业当前更多地参与技术技能人才后续培养、使用等环节，对于技术技能人才的升学考核环节参与较少，未能实现对技术技能人才培养全生命周期的参与[④]。比如，调研中有样本院校虽开设了体现校企合作的订单班，但这种面向

---

① 李鹏，石伟平. 职业教育高考改革的政策逻辑、深层困境与实践路径 [J]. 中国高教研究，2020（06）：98–103.

② 李金波. 深化高考综合改革构建"职教高考"的思考 [J]. 中国高教研究，2022（11）：96–102.

③ 邱懿，薛澜. 我国高等职业教育考试招生制度现状、问题与展望 [J]. 中国考试，2021（05）：33–39.

④ 张晓超，邵建东. 职教高考改革的现实困境、应然取向与优化路径 [J]. 教育与职业，2023（02）：41–46.

合作企业定向培养人才的订单班是在高等职业院校完成新生录取工作之后，再由企业根据自身用人需求，组织人力资源部门人员进入合作院校，通过考试招录新生重新组建的。这种招录流程设计并不能完全满足企业的用人诉求，也在一定程度上反映了行业企业用人诉求未完全融入高职招生制度设计[①]。另一方面，现行的职业技能考核在前期筹划、具体实施以及结果应用等方面都存在一些不足，如在评价标准、考核题目中仍大量存在需要依靠评定员主观观察和评定来确定的内容，这对保证考核评价的公平性与科学性提出了严重挑战。此外，职教高考制度建设并没有考虑到中等职业学校的利益诉求，对中等职业教育发展没有起到应有的带动作用，甚至出现了消极影响：一是职教高考制度设计下中等职业教育越来越像升学准备教育，面临生存危机；二是中高职贯通招生专业不断增加，实际上挤占了中职发展空间；三是新的招生方式实际上更有利于普通高中毕业生报考，职普教育比持续走低[②]。

（四）考试内容设计与技能考试组织研究

职教高考是沟通职业高等教育与高中教育的"旋转门"，其内容设计受到职业高等教育、技术知识体系和中等职业教育的影响。针对我国职教高考作为"旋转门"的缺失以及考试内容设计中存在的偏差，有学者提出，职教高考的内容设计应遵循"筛选机制"和"组织机制"，其中"筛选机制"按照基础性、关联性和思维性三大要求筛选出适合职业教育高考评价的内容，形成职教高考内容库。"组织机制"则是按照体系化、定向化和结构化三大方式，将筛选出的内容进行科学梳理、整合、延伸和排序，从而形成可用于考试的试题，并影响考试的科目设计和形式设计[③]。与文化素质考试相比，职教高考技能考试的组织与实施都面临更大

① 乔晓艳. 职教高地建设背景下高职招生制度实施现状、困囿与改革进路 [J]. 教育与职业，2023（02）：47-53.
② 孙善学. 完善职教高考制度的思考与建议 [J]. 中国高教研究，2020（03）：92-97.
③ 李政，我国职业教育高考内容改革：分析框架与实施模型 [J]. 职教论坛，2022（02）：31-37.

挑战。目前，我国职教高考技能考试的组织工作呈现中心化特征，其隐含的问题是：单个学校技能考试组织工作压力较大；考题在专业大类与专业之间的公共性和专业性难以得到平衡；无论是国家统一还是省级统筹，院校招生自主权没有得到充分尊重。未来职教高考技能考试的组织实施应加强技能考试的标准化考场与考务制度建设；完善职业教育能力标准与建设职教高考题库；协调央地权责划分，更加尊重院校的招生自主权[①]。为实现中等职业学校学业水平考试与职教高考的技能考试逐步接轨，江苏省结合实际出台政策，开展"技能学考"探索，将其功能定位于评价、检测与选拔；注重统筹设计，分专业、分批推进；强调基于需求、因材施教。有学者调研发现，目前存在考试机构的专业化程度较低、科目设置不匹配、考试标准层次不清、标准化考点供给不足、考评程序不科学、技能教学趋向功利等问题，需要优化考试组织机构，设置精准匹配的考试科目，建立考试标准，建设标准化考点，开展学业质量监测，促进学业水平考试与技能考试的接轨[②]。

（五）考试招生的政策研究

职教高考制度是高等职业教育发展迫切需要建立的教育制度，研究高等职业院校招生政策的演进逻辑与理念，有利于为后续政策制定提供理论支撑。高等职业院校招生政策经历了摸索与萌芽、发展与突破、扩张与变革等三个阶段；遵循价值取向的需求决定论是高等职业院校招生政策生成的外部逻辑，内在规律作用的必然结果是高等职业院校招生政策生成的内部逻辑；发展决定论、服务民生论、公正与平等是中国特色高职教育发展的三大理念，潜在地影响着高职招生政策的生成[③]。与

① 谢鸿柔，姜蓓佳.我国职教高考技能考试的组织实施问题研究[J].职教论坛，2023（03）：39-44.
② 徐春妹.实现中职多样化发展先要做好学业水平考试与职教高考"接轨"——对江苏省"技能学考"的调查分析[J].职业技术教育，2022（18）：15-20.
③ 贺星岳，邱旭光.高职招生政策的演进逻辑与理念形成研究[J].中国职业技术教育，2020（31）：19-24.

招生不同，有学者从升学的视角对职教政策进行研究，认为职业教育升学一直在"限制"与"放开"之间摇摆，1997 年、2006 年、2010 年及 2019 年分别对应的"形成中职生升学的方法雏形""严格限制中职生升学比例""开始探索分类招生""建立职业教育高考制度"是影响政策整体走向的四个关键节点①。在中央指导下，省级政府也是职教高考的实施主体，出台了一系列具体政策文件。为剖析省级统筹高职分类考试政策意蕴，有学者基于史密斯政策执行过程模型，对政策文本进行分析发现：省级政府在执行改革时，存在执行机构对政策认识不深入、责任担当能力不足，政策规划路径有待完善，目前群体政策满意度不高，政策之间缺乏呼应等问题②；自上而下的政策对齐现象严重，政策制定的技术规范有待提升，配套的基础条件和基本能力建设滞后等③。

（六）国外考试招生制度的借鉴与启示

不管西方还是东方，获取文凭的重要途径都是参加高等学校全国统一考试，如美国、英国、法国、日本、韩国、芬兰等都有各自的高考，其区别在于考试方法与考试内容的不同。为构建职教高考制度，不少学者将目光投向国外，对国外高等职业院校考试招生制度进行研究，试图为我国考试招生制度构建提供借鉴与启示。有学者认为，目前大部分发达国家的学生通过"高考"进入的是普通高等学校，高等职业学校的考试招生制度则主要分为三种：一是以美国社区学院为代表的开放式招生制度，学习者不需要进行任何考试，通过申请注册就可以入学，二是以英国为代表的资历框架模式，学习者只要获得"国家资格证书框架"中的三级及以上证书就可以申请进入高等职业学校学习，三是以德国职业

① 姜蓓佳，樊艺琳.职业教育升学的政策变迁：脉络、逻辑与镜鉴——以历史制度主义为视角 [J].职教论坛，2021（09）：73–82.

② 姜蓓佳.省级统筹高职分类考试改革:意蕴、问题与对策 [J].高等工程教育研究，2022（04）：176–182.

③ 姜蓓佳，樊艺琳.省级政府高职分类考试改革方案的比较研究——基于 30 个省区市政策文本的分析 [J].职业技术教育，2021（09）：48–54.

学校为代表的"双元制"模式，学生通过"职教高考"进入应用技术大学，考核内容上，行业企业在实践考核中担任重要角色[①]。也有学者单独对德国"职教高考"进行研究，在借鉴德国"职教高考"制度关于职责划分、招考对象、考试设置、录取机制等方面经验的基础上，建议我国统筹规划，解决谁主导的问题；限定考试范围，解决面向谁的问题；基于职业特色设置考试，解决怎么考的问题；设置合理录取机制，解决怎么录取的问题[②]。日本高等职业院校考试招生主要有两种形式：一般入学考试和个别考试。前者为高等职业院校选拔人才提供直观的成绩和高中学业完成情况；后者为高等职业院校有针对性地录取学生提供灵活度较高的考核方式[③]。瑞士中等职业教育到高等教育的升学路径有普通会考、专业会考、职业会考三种，呈现出以职业教育为基础加强通识教育、以资格为驱动明确入学要求、以过程为导向优化考核机制和以标准为基础保障运行机制的特点[④]。

回顾已有研究可以发现，自 2019 年 1 月国务院在《国家职业教育改革实施方案》中提出要建立"职教高考"制度以来，学界明显增加了对"职教高考"制度的研究力度，相应的研究成果也不断涌现。具体来说，从研究内容上看，相关研究主要集中在对高等职业院校考试招生制度的历史变迁、基本理论、建设困境与出路、考试内容设计与技能考试组织、政策研究、国外考试招生制度的借鉴与启示等方面的研究，尤其是从高等职业教育的角度对职教高考的功能、意义等进行了多方面、多视角、多维度的研究，极大地丰富了我国关于高等职业院校考试招生制

---

① 朱德全，杨磊.职业教育高考制度的历史逻辑与伦理向度 [J]. 高等教育研究，2022（05）：45-54.

② 鄢彩玲.关于建设我国"职教高考"制度的建议与思考——德国经验借鉴 [J]. 高教探索，2021（08）：98-102.

③ 陈烨，等.日本高等职业院校考试招生制度及启示 [J]. 职业技术教育，2020（33）：67-71.

④ 贺艳芳，王彬.职业教育考试升学制度的瑞士经验及借鉴 [J]. 职教论坛,2022（03）：110-117.

度的理论认识，为建立职教高考制度提供了科学的理论指导。不过，现有研究尚存在一定的缺憾，即从高等职业教育的角度或中国式职业教育现代化的角度对职教高考的功能、意义等外围进行的研究多，而对职教高考内部结构的研究较少。从成果呈现上看，目前关于高等职业院校考试招生制度的研究成果以学术论文为主、学术专著较少。学术论文固然可以较快地发表关于职教高考的研究成果，供职教高考制度的建设者以及学界同仁参考，但是与学术专著相比，则缺乏相应的系统性、深刻性。基于此，本书则致力于对高等职业院校考试招生制度的内部结构进行研究，并以学术专著的形式呈现，以期丰富职教高考研究领域的学术成果。

三、如何研究

（一）研究思路

研究思路是从一个问题展开的。高等职业院校如何才能招收到合适的生源？这个问题的解决需要诉诸考试招生制度，即如何构建一种能够满足高等职业院校的需要、为高等职业院校招收到合适生源的考试招生制度。测验理论认为，一个测验的有效性，总是就其特殊的目的、功能和适用范围而言的。因此，要想保证高等职业院校考试招生制度能够为高职招收到合适的生源，首先需要明确高职的目的，高职想要招收到什么样的学生，即确定专业录取标准。招生标准的制定需要遵循一定的原则。

确定高等职业院校招生标准的制定原则之后，每种招生考试又该如何处理招生标准的制定原则呢？招生考试作为招生标准的一部分，各自应该如何定位？在明确这些以后，就需要解决各种招生考试的具体问题。应该用什么考试工具来衡量生源才符合高等职业院校"文化素质+职业技能"的评价要求？那这些考试工具是否能够满足高等职业院校的招生需要、对考生相应的素质进行科学的检测？目前有普通高中学业水平考试、中等职业教育学业水平考试、职业适应性测试和综合素质评价。学业水平考试到底应该怎么考？包括它的科目设置、考试内容等，特别是成绩如何呈现。职业适应性测试应该怎么考？它的考试内容是什么？它的结果如何呈现才能发挥它应有的作用？综合素质评价到底应该如何操作？公平性问题如何解决？

在解决了招生考试的一系列问题之后，才进入到招生录取环节。在考生具备文化素质成绩、职业技能方面的成绩和综合素质评价三种成绩之后，高等职业院校具体应该如何根据招生标准做出招生录取决策？三种评价结果如何使用？是部分作为参考，部分计入总成绩抑或是全部转换为分数计入总成绩，从高到低录取？如果部分参考，那又该如何参考？如果全部计入总成绩，那么各自权重又该如何设定？至此，高等职业院校考试招生问题才有一个比较圆满的解决思路。

（二）研究方法

1. 文献研究法

文献研究法主要指搜集、鉴别、整理文献，并通过对文献的研究，形成对事实科学认识的方法。本研究通过多种方法对高等职业院校考试招生相关的中外文献和研究成果进行收集和整理，并进行比较、归纳和深入分析整理，试图全面了解当前高等职业院校考试招生的研究现状，包括高等职业院校考试招生改革、自主招生、国外职业院校招生等，为本研究提供充足的背景信息和借鉴。大学图书馆为我们提供了丰富多元的论文数据库，包括中国学术期刊网、EBSCO 检索平台。此外，政府出台的相关政策文件也是本研究的重要文献资料。因此，文献研究法我们有充分的可行性的条件。

2. 文本分析法

文本分析法是从文本的表层深入到文本深层，从而发现那些不能为普通阅读所把握的深层意义。这里的文本主要指政策文本，即由国家颁布的法律、法规和规章。2014 年国务院印发《关于深化考试招生制度改革的实施意见》，开启了高考综合改革之路，其中上海市和浙江省被列为首批试点省份，并分别出台了高考综合改革实施方案。本书基于上海市和浙江省高考改革实施方案的政策文本，同时结合我国高校考试招生改革实践以及其他相关的重要文件，首先从文本结构上宏观了解高校考试招生改革政策的基本特征，其次结合政策文本以及与上海市、浙江省考试招生改革相关的历史、制度和改革实践，从不同理论视角和学科背景，揭示高校考试招生改革政策文本的深层含意，分析两种考试招生制度改革方案的基本规律及各自的改革思路。

四、研究意义

（一）理论意义

高等教育大众化的前提是高等教育的多样化。高等教育多样化的实现必然要求依靠不同类型的高等院校。每种类型的高校培养目标不同，对生源的要求也不同，自然就需要与之培养目标相匹配的招生考试制度。此前，我国并没有适合高等职业院校的考试招生制度，本书对高等职业院校考试招生制度的构建不仅有利于加深人们对考试招生制度的认识和对测验理论的理解，丰富我国的分类型考试理论体系，也有利于增加人们对高等职业教育以及高级技术型人才的认识。

高等职业院校能否招收到合适的生源予以培养，科学的招生标准将在其中发挥巨大的作用。招生标准是高等职业院校衡量其理想生源的一把尺子，尺子的科学性将在很大程度上决定高等职业院校能否实现招生目标。本书首先对我国近代以来高等职业院校招生标准的历史变迁进行了梳理，有利于我们从中总结出招生标准的变化规律及其与社会环境的互动关系，加深对高等职业院校招生标准变化规律的认识。

从精英教育阶段进入普及化教育阶段，我国高校考试招生制度的运行环境发生了翻天覆地的变化。高校招生录取率大幅上升至70%左右，部分省市甚至达到100%。人们对高校招生录取的关注点由"能不能上大学"转变为"上什么大学"，以致人们误认为高考由竞争性考试转变为适应性考试。本研究则有利于我们厘清高等职业院校考试招生中竞争性和适应性二者的关系，帮助我们对高等职业院校考试招生的性质有一个正确的认识。

（二）实践意义

进入高等教育普及化之前，我国的高等职业教育一直是作为普通本科教育的更低层次的教育，属于专科层次。不仅采用为普通高校选择生源的统一高考总分作为高等职业院校的选拔依据，而且录取批次也安排在本科院校之后，这不仅使得高等职业院校招收不到符合自己培养要求的生源，而且社会地位低下。本书着眼于构建符合高等职业院校招生标准的招生制度，有利于明确高等职业教育的性质，恢复它在我国高等教育体系中应有的地位。

进入高等教育普及化阶段以后，高等职业院校的发展面临着生源质量低下、招生困难、社会地位不高等一系列实际问题。本研究对高等职业院校考试招生制度的构建，不仅有利于解决高等职业院校目前的发展困境，明确高职办学定位和前进目标，引导高职的教育教学工作向健康的方向发展，而且也有利于技术技能型人才的培养，满足我国社会经济发展对人才的多样化需求，推进我国经济向前发展。长期以来，考生接受高等教育只能通过比较单一的统一高校招生考试。成绩好的考生入读普通本科高校，成绩不好的就读高等职业院校。统一高考并不能全面测试出考生的潜力，成绩不好只能说明考生不擅长理论研究，并不代表考生就一无是处。高等职业院校考试招生制度的构建则为考生提供了更多样的选择。考生既可以选择参加普通高校入学考试，也可以选择参加高等职业院校的入学考试，这不仅增加了考生的选择机会，也有利于充分挖掘考生的潜力，使考生进入适合他们的专业，展现他们的潜力。

第一章　招生标准的历史变迁

鉴古可以知今。探索高职院校的考试招生制度，有必要从高职院校考试招生历史的梳理开始。从高职院校考试招生制度的历史中汲取营养，为构建现代高等职业院校的考试招生制度提供借鉴。"高校招生标准是对拟录取考生诸方面特征所做的规定，它以高校招生科学理念与高校招生实践经验的综合为基础，经过有关方面协商一致，由教育主管部门批准，以特定的形式发布，作为高校招生录取决策共同遵守的准则和依据"①，是高职院校对考生要求的具体体现，也是构建考试招生制度的逻辑起点。故本章选择从历史变迁的角度对我国高职院校的招生标准进行梳理，以求从中寻得制定高等职业院校招生标准的些许启示。

第一节　颇具等级色彩阶段

19世纪60年代，面对内忧外患，清朝统治者为了培养实用的实业人才，先后创办了多所洋务学堂。洋务派创办的洋务学堂是中国近代创办最早的一批新型高等专科学校，是高等职业教育的真正源头，②包括后来又创办的新式学堂在内都属于清末中国的实业学堂。③由于学习的

---

① 吴根洲.70年中国高校招生标准变迁述论[J].江苏高教，2020（02）：42-48.

② 董宝良.中国近现代高等教育史[M].武汉：华中科技大学出版社，2007：9.

③ 张新民.论清末洋务学堂中的高职教育特征[J].现代大学教育，2004（05）：88-91.

内容为西方科学课程，因而需要采用新的考试招生办法。洋务派在筹办学堂、培养实用人才的同时，根据需要对考试招生办法不断进行发展。1912 年清朝统治的结束也标志着封建统治者对学堂考试招生办法探索的停止。因此，本节对职业院校招生标准的历史梳理从洋务学堂开始到清朝灭亡结束。

一、洋务学堂的招生标准

洋务派从 1862 年开始先后设立了京师同文馆、上海广方言馆等一系列语言学校；设立了福建船政学堂、天津电报学堂、山海关电路学堂等一系列技术学校；设立了湖北武备学堂、直隶武备学堂及南、北洋水师等一系列军事学校。创办初期，各学堂并无统一招生章程。京师同文馆在考试招生方面有着自己的特色，在洋务学堂中有一定的代表性。京师同文馆主要有咨传（即官绅推荐）、招考、咨送（相当于现在的报送制度）三种招生形式。① 起初，京师同文馆"专取满汉举人，恩、拔、副、岁、优贡生，并前项正途出身之五品以下京外各官，考试录取"②，具有明显的出身限制。然而"嗣因浮言四起，正途投考者寥寥"③，招生实属不易，才将生源范围逐渐扩大至 15 到 25 岁且文理业已通顺的满汉子弟。同时，京师同文馆还要求上海广方言馆和广东同文馆咨送优秀生源，"将各该处所立外国语言文字学馆内择其已有成效者，每省酌送数名来京考试，以便群相研究"④。

与京师同文馆类似的还有上海同文馆和广州同文馆，他们打破了

---

① 郑若玲，朱贺玲.我国高职招生变迁与未来发展方向[J]. 河北师范大学学报（教育科学版）， 2013（03）:41–46.

② 朱有瓛.中国近代学制史料（第一辑上）[M].上海：华东师范大学出版社，1983：45.

③ 朱有瓛.中国近代学制史料（第一辑上）[M].上海：华东师范大学出版社，1983：44.

④ 朱有瓛.中国近代学制史料（第一辑上）[M].上海：华东师范大学出版社，1983：45.

京师同文馆只招收八旗子弟的限制，可以招收汉人子弟，从而扩大了洋务教育的范围。上海同文馆招生章程规定："由官绅有品望者保送，取具年貌籍贯三代履历，赴监院报名注册，随时呈送上海道面试，择时文之稍通顺者，记名备送四十名，入馆肄业。"[①] 福州船政学堂创办于 1866年，是我国近代最早的一所海军制造学校。首任船政大臣沈葆桢非常重视对人才的培养，认为船政创始之意不重在造而重在学。当时他们主要通过两条途径招收生源：一是"从内地挑选'少壮明白'的工匠"；另一条是"挑选本地资性聪颖、粗通文字子弟"。"择其文理明通，尤择其资质纯厚者以待叙补"[②]。可见，他们注重的都是资质，而不是出身。除了从不同省份的学校招收生源以外，福州船政学堂还招收有一定文化知识和实践经验的社会青年。福州船政局于 1868 年设立艺圃，招收 15 到 18 岁有膂力有悟性的青年十余人或数十人，名曰艺徒，实行半工半读。船政局开设的艺圃教育，创中国近代招收有实践经验的青年接受职业教育及企业职工在职教育之始。[③]

　　与招收生源具有诸多出身限制的其他洋务学堂不同，福州船政学堂招生既不受出身限制，又不报送，由学生自由报考。这不仅有利于一些真正有才干的青少年进入学堂，接触近代先进的军事科技知识，也有利于打破阶级固化，实现一定程度的阶级流动。洋务学堂是我国近代高等职业院校的雏形。由于它属于新生事物，且处在我国社会变革时期，所以它的发展表现出了大胆尝试、勇于创新的特征。一方面，招生考试作为学校选择生源的重要工具，是洋务学堂选择生源、培养实用人才的首要环节。由于缺乏完整的学制系统和相应的招生经验，各类学堂的招生考试完全由学堂主办者根据培养洋务人才的需要，结合本学堂的办学要求，自行决定向社会招收学生的标准。因此招生标准较为灵活多样，

---

①　杨学为.中国考试制度史资料选编 [M].合肥：黄山书社，1992：446.

②　中国史学会.洋务运动（5）[M].上海：上海人民出版社，1961：55.

③　张新民.论清末洋务学堂中的高职教育特征 [J].现代大学教育，2004（05）:88–91.

没有固定的标准。这样也有利于学堂主办者根据实际情况制定出与之适应的招生标准，从而能够真正招收到合适的生源。另一方面，在考试内容上，洋务学堂的招生考试打破了科举考试重文轻艺的传统，不仅考查人文知识，还考查了一些粗浅的近代自然科学知识。

然而由于洋务学堂是封建教育体制下的新兴教育形式，其主办者也多为封建官僚，所以部分洋务学堂招生中难免带有"封建等级"的色彩。这主要体现在招生标准上，例如官绅推荐、出身限制等。招生标准中对出身的限制是封建社会外部环境制约洋务学堂招生的体现。此外，我国没有中等教育的传统，造成洋务学堂的生源十分匮乏，这才打破了创办初期主要从八旗子弟或科举正途出身的人中选择的局面。

二、新式学堂的招生标准

1902 年，张百熙、荣庆、张之洞制定了《钦定学堂章程》，确立了实业教育在整个教育体系中的地位，规定实业教育含实业学堂、实业补习学堂和实业教员讲习所（即实业师范学堂）；实业学堂分农业、工业、商业和商船四类。《钦定高等学堂章程》中明确规定"于高等学堂之外，得附设农、工、商、医高等专门实业学堂，俾中学卒业者亦得入之。又于商务盛处，则设商业专门实业学堂；矿产繁处，则设矿务专门实业学堂"[①]。虽然该学制未能有效实施，但是却为其后张之洞等人重新厘定学制提供了一定的参考。1903 年又制定了《奏定学堂章程》，又称"癸卯学制"。虽然具有明显的封建政治色彩，但是它毕竟第一次系统地引入了西方近代学校教育制度，逐步规范了国内新式中小学的办学，为高等专门以上学堂的招生考试创造了前提条件。以下主要对正式高等实业学堂的入学制度作一归纳整理。

《奏定实业学堂通则》对高等实业学堂的入学资格作了具体规定，"高等农工商业学堂，以年在十八岁以上，已毕业中等学堂课程者考选

---

① 陈元晖 . 中国近代教育史资料汇编（实业教育 · 师范教育）[G]. 上海：上海教育出版社，2007：61.

入学"，"凡从事实业学堂之学生，均须品行端谨，体质强健，其学力与各学堂程度相当者，取具妥实保人保结，始准考选入学"，"各实业学堂开办时，如尚无毕业中小学堂之合格学生可资选录，应准酌量变通，考选年岁相当、文理通顺、略知算术者，取具的保，准其入学"。[①]

《奏定高等农工商实业学堂章程》对学生的入学要求做了更为详细的规定，"入高等各实业学堂之学生，必其已毕业官立公立自立中学堂，并经该学堂监督出具保结，证明其品行端谨、学力优等、身体强健者，可不须考验而使入学。其有志愿入学，自行投考者，则须年在十八岁以上，经本学堂监督考验，实系身体强健、品行端谨，学力与中学同等者，始准入学。但此时创办，难得此合格之学生，应变通选年十八岁以上、二十二岁以下，品行端谨、身体强健、文理明达者，先补习中等普通学二年，再升高等各实业学堂"[②]。

实业教员讲习所也对生源作出了要求，"各讲习所入学之讲习生，须年在十七岁以上，在初级师范学堂、中学堂或与同等以上之实业学堂毕业者，始为合格"，并根据实际情况做出了一定的调整，"此时初办，难得此等合格学生，应酌量变通，选学生年十七岁以上、二十五岁以下，文理明通者，先补习一年普通学科，再入正科学习。其工业教员讲习所简易科学生，例应取毕业艺徒学堂及高等小学堂，或有以上同等之学力者；但若有年龄在二十岁以上、三十岁以下，粗通文理书算，果于其所志科目之工业，已从事三年者，亦可选录入学"[③]。实业学堂创办初期，由于合格生源较为匮乏，才对招考学生放宽条件，酌量变通。"其变通考选乃一时权宜之计，并非经久之规。"经过一段时间的发展、生源的

---

①　朱有瓛.中国近代学制史料（第二辑下）[M].上海：华东师范大学出版社，1989：3-4.

②　朱有瓛.中国近代学制史料（第二辑下）[M].上海：华东师范大学出版社，1989：105.

③　朱有瓛.中国近代学制史料（第二辑下）[M].上海：华东师范大学出版社，1989：110.

情况大为好转之后，招生政策需要根据实际情况相应地做出调整。"高等农工商实业学堂，应考选中学堂及与中学堂程度相等之学堂毕业学生入堂肄业。自戊申年六月为始，不准招考未经各中等学堂毕业之学生。"①

此时期，学部不仅颁布了一系列规定使新式学堂的招考制度较洋务学堂更加规范，利于规范新式学堂的学业标准和办学秩序，而且没有过多干涉学堂的招生。新式学堂的招生仍由各学堂自行负责，自行确定考试科目和内容等并组织考试。因此，新式学堂在招生中仍然拥有较大的自主权。且新式学堂主要面向社会公开考试，择优录取合格者。新式学堂在招生标准中还对生源的身体和品行作出了要求，这是之前的招生标准中所没有的。此外，部分学堂还取消了具有等级性的报名资格限制。因此，与洋务学堂的招生相比，新式学堂的招生渐趋规范，也更具近代性。

第二节　标准灵活多样阶段

进入民国时期，职业院校的考试招生制度呈现出了不同的特征。由于此时期政府教育主管部门对高等教育的控制较弱，所以高职院校的考试招生制度出现了松动，体现出更多的自主性，招生标准也呈现出灵活多样的特征。高校招生标准的发展演化是社会政治、经济、文化等外部诸因素与高等职业教育共同作用的结果，适应了当时高等职业教育发展的需要。在此基础上，结合史实，对民国前期和后期高等职业教育招生标准的特征和影响因素进行考察分析，以对现如今高等职业院校招生标准的制定起到历史参照的作用。

一、民国前期（1912—1927）

1913年8月，南京临时政府教育部颁布《壬子癸丑学制》。这个学制增添了新的时代内容，具有明显的进步性。它将清末的三级制实业学

① 潘懋元、刘海峰.中国近代教育史资料汇编（高等教育）[G].上海：上海教育出版社，1993：317.

堂改为二级，分别以甲、乙两种实业学校代替中等实业学堂和初等实业学堂，将高等实业学堂改为专门学校。"专门学校之种类为法政专门学校、医学专门学校、药学专门学校、农业专门学校、工业专门学校、商业专门学校、美术专门学校、音乐专门学校、商船专门学校、外国语专门学校等"，"以教授高等学术、养成专门人才为宗旨"。此外，它还规定："专门学校学生入学之资格，须在中学校毕业或经试验有同等学力者。"①

1913 年的新学制对各高等学校招生资格提出了规范，但对招生方式和考试方法则未加限制，故而各专门学校均实行单独招生考试。各校招生考试形式与录取方式灵活多样，没有统一标准。各高校往往独自公布招生章则。可见高校享有较大的招生自主权，教育部在其中只是扮演了一个宏观调控的角色。在考试科目上，除国文、外文、数学等必考科目外，多数学校还依据专业要求自主增设应考科目，调整测试内容，其考试形式和录取方式也较为灵活多样，并无特定之章法。② 综合而言，高等专门学校的招生考试科目相当灵活、多样，能够切实反映高校各专业对生源的要求。③

此时，新式教育未普及，一些适龄青年没有系统接受过新式教育，而自学成才者不乏其人。为了给这部分青年受高等教育的公平机会，故而没有重视对同等学力的甄别，对其标准把握不严，造成专门学校的生源质量大大降低，"惟此项学生一经滥收，程度既相悬殊，斯教授不无窒碍，殊非所以郑重学务之道"。因此，教育部于 1914 年 7 月 8 日通令各专门学校招收新生 "除于应行升学之毕业生从严甄拔外，其遇有同等学力之学生，尤应严行甄录，以杜冒滥"④。1915 年 6 月 8 日为了解决"从

---

①　潘懋元，刘海峰. 中国近代教育史资料汇编（高等教育）[G]. 上海：上海教育出版社，1993：471.

②　谢青，汤德用. 中国考试制度史 [M]. 合肥：黄山书社，1995：521.

③　郑若玲，朱贺玲. 我国高职招生变迁与未来发展方向 [J]. 河北师范大学学报（教育科学版），2013（03）：41–46.

④　潘懋元，刘海峰. 中国近代教育史资料汇编（高等教育）[G]. 上海：上海教育出版社，1993：783.

前各校招生往往借同等学力一语，多所迁就，致令学生程度不齐，教授困难，专门教育殊难美满进行"的问题，又出台了新的规定对专门学校的招生工作予以规范，"所录各生同等学力者不得逾中学毕业生十分之二，以昭核实"①。

民国前期高校招生的科目、内容和招生的数量以及时间地点都由学校自主决定，对考试科目的程度和考试范围都明确写在招生简章中，供学生考前预备。因此，高校享有较大的自主权。这既有积极的一面，也有消极的一面。高校享有招生自主权，可以让高校招生具有一定的灵活性和多样性。高校可以根据自己的办学实际和特点，招收符合学校条件的学生，同时也可以让学校录取部分有学科特长、创新潜质的学生。但是其消极作用也是相当明显的。缺乏制约的招生自主权也会使高校任意提高或降低招生标准，甚至产生招生腐败。

从清末到民初，中国在普通教育之外设置实业教育，一直以实业学校的形式进行农、工、商等职业技术教育。1916年职业教育开始在教育界得到提倡，1917年全国教育会联合会第三次会议提出了职业教育计划，1921年第七届大会提出将职业教育列入正式学制系统，②1922年公布《壬戌学制》，将实业学校改为职业学校，职业技术教育开始在整个学制系统中占有一席之地。

民国初年高校单独招生，招生标准灵活多样也是各种因素综合作用的结果。一方面，我国虽然建立了系统的学制，但是各地教育水平不均衡，统一考试困难较大；另一方面，当时中央政府的权威有限，没有足够的力量进行全国范围的统一考试。这也是高校能够享有较大招生自主权、制定出灵活多样招生标准的根本原因。

---

① 潘懋元，刘海峰.中国近代教育史资料汇编（高等教育）[G].上海：上海教育出版社，1993：768.

② 郑若玲，朱贺玲.我国高职招生变迁与未来发展方向[J].河北师范大学学报（教育科学版），2013（03）：41-46.

二、民国后期（1927—1949）

1927 年，南京国民政府成立，1928 年修订了《壬戌学制》，主要是把专门学校改为专科学校，修业年限 2—3 年，这是中国独立设置"专科学校"的开端。当时的高等职业院校有职业大学、专科学校附设专修科。由于外在的政治、经济等局势均有变化，国内政局较前期相对稳定，中央对地方的控制得以强化，对教育的控制亦相对加强。在教育上，国民政府采取中央集权管理的方式，逐步统一教育权，以遂行教育控制之目的。这给教育和高校招生带来了一些新的变化，增强了国家对高校招生的宏观控制。尽管这一时期国民政府已有意收回高等教育权，也开始透过部分规范介入高等教育，但自民国以来高校的独立自主形象已深入民心。因此，教育部并未对高校招生方式积极介入，而是授权各校自主招生，因此，招生标准仍然较为多样。

1927—1932 年的高等学校入学考试仍然实行单独招考，由考生分别报考，各校组织招生委员会，自行考试，分别录取，但是对招生制度作出了相应的调整。"专科学校招收'曾在公立或已立案之私立高级中学，或同等学校毕业，或具有高中毕业同等学力'，'经入学试验及格者'录取同等学力者，不得超过录取总数的五分之一。"[1] 南京国民政府成立之初的几年间，高校在招生程序、试题拟定和录取等方面和北洋政府时期没有多大区别，都是以院校为单位进行自主招生。这一时期，各高校的单独招生表现出如下几个特点：

第一，设立单独招生机构。各高校成立了专门的招生委员会负责决定入学考试的日期、地点和方法，新生报到入学注册日期、交纳入学考试费用的日期以及申请入学的标准。

第二，自行确定考试内容。各高校专业发展方向不同，学科特色各异，人才培养规格不同，为招收到符合要求的新生，多数学校从本校的专业要求出发，设置相关考试科目与内容。各科目难易程度自行确定，

---

① 谢青，汤德用 . 中国考试制度史 [M]. 合肥：黄山书社，1995：560 .

没有统一标准。

第三，自行决定录取标准。招生考试后，各招生委员会根据考生成绩择优录取。招生标准同样根据招生需求自行决定。自主招生中，部分高校能不拘一格选人才，录取了一些有学科特长的学生，例如钱锺书、吴晗等。

虽然高校自主招生在一定时期内取得了较好的成效，各校能够从自身实际出发，确定各校的人才培养规格，制定出合适的招生标准，从而重点发展自己的特色学科，增强自身竞争力，但是高校自主招生由于高校自身原因和外部环境因素的影响也出现了许多缺陷，使国家失去了调节高校办学方针和统一规划高校发展布局、更好地贯彻国家教育宗旨的功能。同时，各个高校独自招生，没有统一的招生标准，录取学生宽严不一，这就有可能违背考生在平等的基础上公平竞争的原则。由于高校招生的无政府状况，全国高等学校理、工、农、医类（以下简称实科类）与文、法、商、教育、艺术类（以下简称文科类）学生数的比例失调。同时也基于社会对实用人才的迫切需要，国民政府开始强化政府对高校招生的宏观控制，决定实行计划招生。[1]

1933 年起，教育部决定实施"比例招生办法"，以纠正高等教育的畸形发展。至 1937 年，又参照国家需要、教学效率及前两年招生的实际情况，取消"比例招生办法"，代之以实际名额。"自 1933 年至 1937 年限制招生的规定，不适用于专收女子的院校，其余公立、私立专科以上院校须一律照办。否则，教育部不承认其新生入学资格。"1935 年教育部还对公私立专科以上学校发布训令：专科以上学校招考新生，所有考试科目及各科程度，自民国二十二年（1933 年）起，仍照现行高中课程暂行标准办理。"……查各校上次所送招生试题，或较宽易，未能达到规定标准，自系不合，而若干学校试题，后有超越标准者，尤以算学等科为甚，或于外文以外之科目全用外国文命题，并限用外国文作答，

---

① 谢青，汤德用. 中国考试制度史 [M]. 合肥：黄山书社，1995：564.

亦均属失当，兹特重行通饬，本年各校招生考试科目，务按上项暂行标准命题，以符程度，并将各科试题全份于考毕后送部备查。除分令外，合行发给高中课程暂行标准教材大纲一份，仰各遵照。"这是教育部对高校招生考试标准的控制，因此，被许多学者称为计划招生。

1936 年专科学校达到 30 所。由于战火的影响，后来专科学校大都内迁，数量也由 30 所降为 1937 年的 20 多所。抗战初期，对专业技术人才的需要更加迫切。1938 年 3 月，国民党第一次临时全国代表大会确定的《抗战救国纲领》提出，要"训练各种专门技术人才，予以适当之分配，以应抗战需要"。国民政府对专科学校的招生对象及学制作出了新的补充规定。按照这一规定，专科学校可以增设招收初中毕业或具有初中毕业同等学力学生的五年制、六年制学校。

为克服单独招考的弊端，适应抗日战争时期的需要，自 1938 年起实行国立各院校统一招生。在前期试行的几种招生考试的基础上，1938 年教育部设立统一招考委员会，颁布《国立各院校统一招考办法大纲》，规定各校的招生计划权、命题权、考试权和录取权均由学校收归教育部。该大纲就统一招生的行政管理、考试科目、考生资格、录取标准、保送比例、命题阅卷等各方面作出了相当详尽的说明，统一招考正式出现。此时实行统一招考的仅是小部分公立专科以上院校，其他大部分高校仍自行招考新生。并且，统一招考在实践中也存在诸多不足，包括命题覆盖面窄、题型单一、录取标准宽严不一、统一分发困难等。因此，实行自主招生的高校比例还是多于统一招考的。

1941 年教育部因战事严峻、各地交通不便及政府和人力不足，公立各院校统一招考暂停一年，实行自主招生。从 1941 年到 1945 年抗战胜利，教育部几度想恢复统一招考，皆因交通困难等原因无法实现。由于统一招考无法实行，"教育部在保留招生名额控制权及对入学考试科目、命题标准作必要限制的前提下，重新给予各高等院校招考的自主权。"这个阶段，高校招生采取多样的招生方式，主要有单独招生、联合招考、委托招生、成绩审查等 4 种招生方式。在此期间，教育部推出了多种多样的招考形式。就其招考性质而言，其实都属于自主招生范畴。

民国前期，实施高等职业教育的机构改为专门学校，且种类较多。由于临时政府对教育控制相对较弱，各专门学校仍然主要依靠单独招考模式。考试科目灵活、多样，除国文、外文和数学等为必考科目外，不同类型的专门学校还根据学校类型设立了选考科目。招生标准由高校根据招生需求自行决定，部分高校不拘泥于成绩，而是从各方面选拔人才。有些名校根据需要破格录取了在某学科特优的考生。如钱锺书和吴晗等被大学破格录取也成为民国高校自主招生史上的佳话。随着生源的逐渐增多，专门学校开始重视招收的生源质量，对同等学力的招生比例作出了限制。此时期专门学校享有较大的招生自主权，虽有利于专门学校根据自身办学情况招收到合适的生源，但是也造成了高校任意提高或降低招生标准，使中学和高校无法衔接的局面。

民国后期，外部社会环境变化，加之自主招生标准把握不严等问题，政府开始加强对高校招生的宏观控制，体现在专科学校招生上，表现为对招生标准作出了规定，招考新生所有考试科目须按照现行高中课程标准设置。虽然教育部开始对招生标准有所控制，但是由于处于社会转型期，政府控制仍相对较弱，各校在招生方面拥有较大的自主权。这种政府干预招生计划、招生标准等是从自主招生转为统一招生的过渡措施。

第三节　统考成绩为主阶段

新中国成立之初，为保证教育的过渡和衔接，各高校仍沿旧制——自主招生。此后，政府经过区域联考的过渡，至1952年迅速建立起了全国普通高校统一招生考试制度。虽然在实施统考的开始几年，社会上也对"统一招生"和"自主招生"进行过争论，但结果还是统考占了上风。职业院校作为高等教育的一部分，同样采用了统一招考制度。在实施计划经济、统包统分时，职业院校以统考成绩为唯一录取依据、采用统一高考招生制度的弊端还不突出。随着市场经济的实施以及高校扩招的开始，统考的弊端逐渐显现，职业院校也开始了制定多样招生标准以及自主招生方式的尝试。因此，新中国成立后高等职业院校的考试招生制度的变迁主要分为统一招考阶段和随后对自主招生的探索阶段。统一招考阶段，高等职业院校以统考成绩作为唯一的招生标准，自主招生时招生标准才逐渐多样起来。本节对招生标准变迁的划分也遵循招生方式变化的阶段，分为新中国成立后统考成绩为主阶段和21世纪初部分高等职业院校对多样的招生标准的探索阶段。

一、新中国成立后高等职业院校的招生标准

新中国成立后，政府在改革、调整原有职业院校的同时，也创办了一批新的职业院校。1980年，国家教委批准在东南沿海及经济发达城市中心建立了我国首批职业大学13所，取名"短期职业大学"。根据1982年五届人大五次会议精神，国家教委于1983年又陆续批准建立了33所职业大学；1984年和1985年又分别建立了22所。1985年5月，《中共中央关于教育体制改革的决定》中第一次明确提出"大力发展职业技术教育"，"积极发展高等职业技术院校，逐步建立起一个从初级到高级，行业配套，结构合理又能与普通教育相互沟通的职业技术教育体系"。"20世纪80年代，我国的高等职业教育主要由职业大学和专科学校承担，当时这两类学校的招考制度即高考。普通高中毕业生及一部分中等职业学校的毕业生经过全国统一考试即可进入高等职业院校。其考试内容与普通高校相同，只是录取分数低于普通高校。职业大学一般由地方政府举办，招收普通高中毕业生，也招收少量中等职业技术学校的毕业生。学生经国家统一考试入学，学制一般为2—3年"。[①]

1994年，全国教育工作会议确定了"三改一补"发展高等职业教育的基本方针，即通过现有职业大学、部分高等专科学校和独立设置的成人高校改革办学模式，调整专业方向和培养目标来发展；利用少数具

---

① 匡瑛. 高等职业教育发展与变革之比较研究 [D]. 上海：华东师范大学，2005：170.

备条件的重点中专学校改制或举办高职班等方式作为补充。于是,高等职业院校的数量激增。这些学校成立之初并没有建立新的招考制度,而是沿用了原来的招考制度,即参加全国统一高考。有些地区有所改进,增加了技能考试,但由于技能考试事实上起不到任何筛选作用,形同虚设。1996年,《中华人民共和国职业教育法》颁布,为高等职业技术教育的发展提供了法律依据。而后1998年成立的国家教育部在原来"三改一补"的基础上又提出了"三多一改"的指导方针,即多渠道、多规格、多模式和深化改革。1999年初,教育部、国家计委印发的《试行按新的管理模式和运行机制举办高等职业技术教育的实施意见》明确提出将举办高等职业教育的学校分为五类:"(1)短期职业大学、职业技术学院、具有高等学历教育资格的民办高校。上述学校原则上必须承担此项试办任务。(2)普通高等专科学校。(3)本科院校内设立的高等职业教育机构(二级学院)。(4)作为过渡措施,经教育部批准的极少数国家级重点中等专业学校,改办为既从事高等职业教育,又从事中等职业教育双重任务的学校。(5)办学条件达到国家规定合格标准的成人高校。"①

2004年教育部下发《关于以就业为导向,深化高等职业教育改革的若干意见》,明确指出高等职业教育是我国高等教育体系的重要组成部分,也是我国职业教育体系的重要组成部分。2006年,教育部、财政部正式启动国家示范性高等职业院校建设计划,重点支持100所办学定位准确、产学结合紧密、改革成绩突出、制度环境良好、辐射能力较强的高等职业院校,带动全国高等职业院校办出特色,提高水平。2010年,教育部又决定在原有基础上新增100所左右国家骨干高等职业院校。进入高等教育大众化阶段,随着高等职业院校在校生人数的大幅增加,高等职业教育的规模不断扩大,占据我国高等教育的"半壁江山"。利用为普通高校选择学术型人才的普通高考为高等职业院校选择技术技能

---

① 乔佩科.中国高等职业教育政策发展研究[D].沈阳:东北大学,2009:46.

型人才显然与测验理论相违背。为了改变长期以来高等职业院校招生依附普通高考、造成高职地位低下的局面，各省市积极鼓励高等职业院校探索符合高等职业教育培养规律与特点的招生考试制度。《国家中长期教育改革和发展规划纲要（2010—2020）》明确提出"逐步实施高等学校分类入学考试"，"高等职业教育入学考试由各省、自治区、直辖市组织"。随后逐渐形成以高考为主、多种考试方法并存的多元局面。

（一）对口单招

高等职业院校对口招收职业高中毕业生的制度称为对口单招。各省、自治区、直辖市多采用"3+2"的考试模式对口招收中职生，"3"即语文、数学、英语，"2"即专业理论和专业实践。其中，中职生的语文、数学和英语成绩一般由省级考试机构组织的统考成绩组成，专业理论和实践考试则根据各省差异而有所不同。

（二）春季高考

为了缓解夏季一次性高考给考生带来的压力，1999年12月17日，经教育部批准，北京、安徽、上海、天津、内蒙古等省市陆续开设了春季高考，重点面向中等职业学校学生，由各省统一命题、组织考试，主要目的在于为高等职业院校选拔合格生源。其考试科目也与普通高考不同，分为知识考试与技能考试两部分。后因改革效果一般，安徽、内蒙古和北京先后叫停春季高考，上海和天津则逐渐将其改革成为高职招生的重要渠道。此外，山东省于2012年首次重点面向中职毕业生组织春季高考，由山东省统一命题，统一组织考试。

（三）中高职三二分段

中高职三二分段制是高等职业教育的一种形式。由部分重点中专学校和高等职业技术学院经省有关部门批准举办，招收应届初中毕业生进入中等职业技术学校学习3年，毕业后经高等职业院校统一考试，成绩合格者转入高等职业院校完成两年大专学习，发两年制大专文凭。另外，广西于2002年实行高考本、专科分开招生考试制度。不过由于这项改革在推行之初即遭遇重重困境，后虽多次调整仍于2005年被正式取消。新中国成立后，我国实施高等职业教育的机构多种多样，但是高等职业教育的招生却长期依附于普通高校的统一招生考试制度。高等职业院校的生源多为普通高中毕业生，他们凭借统一高考的成绩，在高校招生录取的最后批次进入高等职业院校，这客观上造成被普通本科高校淘汰的生源进入高等职业院校的局面，给人以高等职业院校"低人一等"的印象，也不利于我国高等职业教育的发展。

三校生（中专生、职高生、技校生等）也可以进入高等职业院校深造，但是比例却被限制得很小。1997年原国家教委规定高职对口招收中职应届毕业生的规模按高校招生计划数的3%安排。[①]到2006年教育部明文规定高职对口招收中职应届毕业生和五年制招生的比例限定在5%以内。[②]普通高中毕业生没有接触过职业技术培训，而且对高职教育带有抵触心理。而中职生则接受了一定的职业教育，专业素养高，他们才是高等职业院校的最佳生源，但却仅占招生计划的3%。相反，普通高中毕业生并不是高等职业院校的最佳生源。因此，高等职业院校招生还存在着生源错位问题。虽然我国于21世纪初也开展了一系列包括报考春季高考、对口单招和中高职三二分段在内的改革，但效果都不大。

二、各自主招生探索院校的招生标准

自大扩招以来，我国高等教育处于高速发展之中，高校的招生录取率也不断攀升。激烈的生源竞争给高等职业院校带来了巨大的冲击。为了摆脱高等职业院校的招生困境，近年来不少高等职业院校进行了自主招生的改革探索。2007年，教育部试点的国家示范性高等职业院校开展自主招生工作，2011年国家骨干高等职业院校也加入自主招生的试点工作。大部分高等职业院校均采取"文化基础测试＋综合素质评价/

---

① 原国家教委. 关于招收应届中等职业学校毕业生举办高等职业教育试点工作的通知 [Z].1997.

② 教育部，国家发改委. 关于编报2006年普通高等教育分学校分专业招生计划的通知 [Z].2006.

技能考核"的招生模式。根据文化基础测试组织形式及主体的不同，此模式又可分为五种类型：全国大部分省区试点院校采用的"文化基础测试自主命题＋综合素质评价／技能考核"；江苏、广西、海南、陕西等省区采用的"文化联合测试＋综合素质评价／技能考核"；湖南、安徽、山东、甘肃、青海、内蒙古等省区的部分国家示范性（骨干）高等职业院校采用的"高中学业水平测试／会考＋综合素质评价／技能考核"；浙江、湖南、江苏等省部分院校采用的"高中学业水平测试＋文化基础测试＋综合素质评价／技能考核"和"文化基础免考＋综合素质评价／技能考核"。部分省区的试点院校也试行"校长推荐＋综合素质测试"以及"免试入学"模式。

除教育部在国家示范性（骨干）高等职业院校试点自主招生外，部分省市级示范性优质高等职业院校也被纳入试点范围，其招生措施多延续国家示范性（骨干）高等职业院校的招考模式，不过也有部分省市的高等职业院校在积极探索自主招生创新模式。[①] 上海市的"分组联考"模式有使用普通高中学业水平考试成绩与不使用普通高中学业水平考试成绩两种考试录取办法；江苏省和福建省试行的"注册入学"模式中规定试点院校可根据自身的专业培养情况，对申请注册本校的高中考生提出高考成绩和学业水平测试等级的要求，对中职考生提出技能和相关考试成绩要求；重庆市试行"推荐入学"模式；湖北省采取"技能高考"模式；北京市采取"高会统招"模式；河北省采取"考后自主招生"模式；天津市采取"多次录取"模式。

在高等职业院校自主招生的探索中，虽然个别省市的改革方案中有值得借鉴的地方，但是总体而言也都存在不少问题。各省市的招生方案参差不齐、科学性不够。教育部将高等职业教育入学考试交由各省、自治区、直辖市组织自行举办，固然可以使各省市根据本省高等职业院

---

① 郑若玲，朱贺玲．探微与创新：高职院校自主招生模式解析 [J]．复旦教育论坛，2013（01）：63-67．

校的专业特色和办学实际进行改革，但是也不可避免地对地方政府的招生改革经验提出了更高的要求。不同的省市往往由于经济发展水平不同，在改革高等职业院校招生方面积累的经验丰富程度也不同。在近年的高等职业院校招生改革中，经济发达、招生改革经验丰富地区的高等职业院校招生改革颇具特色，且符合高等职业教育的办学特色。其余的欠发达省份则只能面临两种选择：要么由于本省的改革经验有限，制定出的高等职业院校招生改革方案科学性很难满足要求，要么照搬发达省份的招生改革方案。这不仅不利于欠发达省份构建符合当地高等职业院校专业特色的招考制度，也不利于我国高等职业院校招生考试理论的深入发展。因此，各省份自主进行高等职业院校招生改革探索的力量有限，其制定的招生改革方案的科学性有待检验。

具体说来，招生方案科学性较低主要体现在过度重视学科基础知识，专业特色不明显。除了招生改革经验丰富省市的部分院校依据本院校办学实际，积极改革考试形式与考试内容外，大部分省区的试点院校均采取"文化基础测试＋综合素质评价／技能考核"的模式，其中文化基础测试多以笔试形式进行，考试科目为语文、数学和英语三门，包括江苏省自 2011 年起实行的文化基础联合测试、广西 4 所国家示范性（骨干）高等职业院校的文化基础测试、陕西省 6 所国家示范性（骨干）高等职业院校的文化基础联合测试。仅有个别院校加入专业理论知识的考核，这与高等职业院校培养技术技能型人才的目标定位不符，高等职业教育的专业特征也不明显。另外，综合素质测试以面试形式进行，时间限定在 10 分钟以内，在这么短的时间内考官到底能否测试出考生的综合素质；且面试问题基本与公务员及事业单位招考时的题目类似，这样的综合素质测试效度到底如何不得而知。

新中国成立之初，高等职业院校的招生标准反映了社会经济发展的要求。新中国成立初期，国家急需大量的高层次专业人才来为经济建设服务。高等职业院校作为新中国高等教育的一部分，培养大量的高等人才成为其重要使命。由于当时社会上专业人才的奇缺以及对人才规模的重视远超于对质量的重视，所以统一高考的功能仅是选出一部分学生进入高等职业院校接受教育。至于招生标准是否科学、所选生源是否适合接受高等职业教育则被忽略。公平成为高考的唯一价值追求。在这样的背景下，统一成为招生标准的唯一特征。在包分配的就业制度下，招生标准单一的弊端并未显现。进入市场经济时代，过度统一的招生标准已不能适应高等职业院校发展的需要。[①] 高等职业院校属于专业教育，不同的专业要求招收不同素质结构的生源，所以高等职业教育的健康发展也需要制定出多样的招生标准。社会经济发展对各种各样人才的需求则通过高等职业院校培养人才的规格影响招生标准。因此，高等职业院校招生标准的制定既受高等职业院校外部社会环境的制约，又受高等职业教育内部发展要求的制约。招生标准作为高等职业院校衡量生源的尺度，是高等职业院校提出的对其生源要求的具体化，是高等职业院校价值观念的反映。能否制定出科学、合理的招生标准既关系着高等职业院校的健康发展，也关系着我国社会主义建设人才的培养。

---

① 王莉华，朱沛沛. 从一元到多元：我国高校招生录取标准的变迁之路 [J]. 现代教育管理，2020（06）：28-33.

第二章　招生标准的制定原则

职业教育是与普通教育具有同等重要地位的教育类型，应当建立符合职业教育人才选拔规律的、与普通高考制度并行不悖的高等职业院校考试招生制度。2010年，《国家中长期教育改革和发展规划纲要（2010—2020年）》提出，要逐步形成"分类考试、综合评价、多元录取的考试招生制度"，分类考试首次在官方文件中出现，考试招生制度作为发展高等职业教育的重要突破口开始受到重视。2019年，《国家职业教育改革实施方案》明确提出要"建立'职教高考'制度"，可见，建立与高等职业院校生源选拔要求相适应的考试招生制度已迫在眉睫。招生标准是应用于招生主体的价值尺度，是招生活动所遵循的价值准则，直接规定和影响着招生的性质和质量，是招生活动赖以进行的逻辑前提。因此，构建合理的高等职业院校考试招生制度的前提是制定出科学、合理的招生标准。高等职业院校的招生理念由于过于抽象而难以操作，具体的招生标准又由于过于特殊而缺乏普适性。招生标准的制定原则则兼顾了理论的普遍性和实践的特殊性，是较为合适的研究层次。高等职业院校的招生标准是招生理论与实践、历史与逻辑的有机结合，其制定原则应该从三个方面一起入手：高等职业院校的招生实践；高等职业院校的价值观念和高等职业教育的基本规律。在总结职业院校招生标准历史变迁规律的基础上，我们提出了制定高等职业院校招生标准应遵循的三项原则：高等性与职业性相结合、统一性基础上的多样性、以适应性为主。

第一节　高等性与职业性的有机统一

高等职业院校作为一种组织形式，是我国实施高等职业教育的载体。生源进入高等职业院校接受的是高等职业教育。高等职业教育作为教育的一个层次和一种类型，有着自己的培养目标及对生源的要求。因此，衡量入学申请者是否适合进入高等职业院校、接受高等职业教育，其理论依据应当是高等职业教育的基本规律。高等性和职业性是高等职业教育的双重属性，也是其根本属性。自然，高等职业院校招生标准的制定要符合高等职业教育的属性，即高等性和职业性。

一、基于职业教育层次的高等性原则

（一）遵循高等性原则的缘由

高等职业教育是高等教育的一种类型，与普通高等教育同属于一个层次。然而由于受人们"重学轻术"的传统观念、对高等职业教育的错误认识以及不合理的考试招生制度的影响，我国的高等职业教育却被视为比普通本科教育更低层次的教育。[①] 首先，"重学轻术"的价值观念使得考生们都以进入普通本科院校学习为奋斗目标，高等职业院校则是被普通高校拒绝后无可奈何的选择而已，甚至多数考生宁愿复读或者直接工作也不愿进入高等职业院校。这就造成了优秀考生选择普通本科高校，而普通高考成绩较差的考生才选择高等职业院校的局面。其次，办学者对高等职业教育的认识不清，使得高等职业教育在人才培养目标、课程结构、教学模式、培养方式等方面照搬普通高等教育，在入学门槛、学习难度、学习年限等方面比普通高等教育降低一个层次，成为最低层次的高等教育。最后，不合理的考试招生制度使高等职业院校选择的生源既没有较好的文化知识水平，也没有扎实的实践操作水平，严重阻碍了高等职业教育的长远发展。高等职业教育的招生长期以来依附于普通

---

① 蒋茂东，胡刚，万云霞.高等教育"学与术"发展不平衡的思考——兼论高等职业教育的术科建设 [J]. 中国职业技术教育，2008（33）：17–18+24.

高校的统一招生考试制度，不仅采用统一高考的总分作为录取依据，而且录取批次也安排在普通高校之后。这与高等职业教育作为高等教育类型之一的原理严重不符。

职业教育是与普通教育具有同等重要地位的教育类型，恢复高等职业教育作为高等教育类型之一应有的地位的措施有许多。单从高等职业院校的角度看，能否制定出符合高等职业教育特征的招生标准、选择出适合接受高等职业教育的学生是其中之一。高等职业教育除了要在培养目标、课程内容、学习难度等方面高于中等职业教育，还要在招生标准上体现出高等性。然而目前高等职业院校的招生主要依据统一高考，招生标准也主要是高考总分，即简单的文、理二元划分的高考总分，且进入高等职业院校的考生分数都较低。与目前多数省份中考的招生标准相比，高等职业院校的招生标准并没有体现出高等职业教育应有的水准。

长期以来，我国高等职业教育由于其办学层次停留于专科层次，被戏称为"断斗教育"。[①] 尽管后来陆续成立了本科层次的职业技术大学，但是关于职业高等教育的基本定位问题一直争议不断，尤其是其中关于职业高等教育是否具有高等性的问题，严重影响了我国高等职业教育的健康发展。要想使高等职业教育真正具有高等教育的层次，招收到适合接受高等职业教育的生源则是重中之重。招生标准作为衡量考生素质的标尺，是在入口关保证高等职业教育之高等性的重要措施。高等职业院校招生标准的制定首先要遵循高等性的原则。

（二）高等性原则的理论内涵

原则是主观见之于客观的东西，是联系理论、规律和实践问题的一个中介。因此招生标准的制定原则既是高等职业院校招生理论和招生实践的有机结合，也是理论和实践发展到一定阶段的产物。而招生标准又是衡量事物的价值尺度，是主体价值观念的反映。因此，高等性原则

---

① 田军，唐敏，高文智. 新建本科高校开展职业教育必要性及路径探析 [J]. 成人教育，2020（11）：81-84.

的提出主要是基于高等职业教育基本规律、高等职业院校价值观以及高等职业院校办学实践。层次是具有相属关系之事物的次序，诸如重叠、高低、递进和表里等结构形态，是相属事物组成的系统内部结构不同等级的范畴。①

高等职业教育之高体现在其教育功能上。我国已经构建了一个涵盖初等、中等和高等职业教育的系统，这个由纵向递进的三个层次组成的职业教育系统，清晰地表明职业教育作为一种教育类型，存在着因循自身进化规律的运行时空。职业教育的层次与社会的劳动分工的层次之间存在着天然而紧密的关系。职业活动的专业化和专门化使得工作岗位对从业人员的能力要求呈现由低到高的层次性特点。这种层次性体现在不同侧面，包括基于工程过程复杂程度的"高等性"、基于劳动创新程度的"高等性"、基于技术精准程度的"高等性"、基于领域复合性程度的"高等性"等。② 高等职业教育的教育功能比中等职业教育"高"，高就高在高等职业教育的毕业生具有更加复杂的文化理论知识、具备更加高水平的技术技能，从事工作岗位的综合、全面程度及其所显现的责任、价值，高于中等职业教育毕业生从事的工作，实质上反映了工作过程复杂程度的高低。

高等职业教育之"高"体现在其教育内容上。要想实现培养目标的高层次须得有高层次的教育内容相配合。中等职业教育的毕业生一般只需把握经验层面的工作过程，仅需要根据操作指导书完成工作岗位的任务即可。而高等职业教育的毕业生从事的工作过程更复杂，也更有深度和广度，不仅需要完成工作任务，而且从事的工作技术含量更高，需要跨越部门、岗位，并对其他一线工作人员起到指导作用，解决出现的

---

① 姜大源. 职业教育：类型与层次辨 [J]. 中国职业技术教育，2008（01）：1，34.
② 匡瑛 ."双高计划"背景下高职高等性意涵及其实现 [J]. 高等工程教育研究，2020（01）：148–152.

技术问题。① 相应地，高等职业教育的学习内容自然也要比中等职业教育更高深。唯有如此，才能真正保证高等职业院校的毕业生具有更加复杂的技术技能，能够胜任更高层次的工作岗位。高等职业教育较"高"的教育功能和较高深的教育内容使得高等职业院校需要在入口关就对学生提出较"高"的要求。招生标准作为高等职业院校衡量生源的一把尺子，其制定自然要体现出高等职业教育之高。

原则来自实践。② 招生标准的制定同样不能脱离实践背景，离开了实践问题，招生标准的制定将成为"无源之水"。目前我国高等职业院校的生源主体是普通高中毕业生，其招生依据仅有统考总分这一项参考标准。一方面，进入高等职业院校的生源文化成绩较差。他们都是位于高考录取最后批次、被普通本科淘汰的生源，所以文化理论知识基础并不好。这使高等职业院校的教学水平、课程难度仍然是中等职业教育的水平，或成为中等职业教育的延伸。因此，高等职业院校的教育与中职院校的教育相比并没有质的区别，没有体现出高等性；另一方面，简单地以文、理二元划分的高考总分也并未体现出高等性。专门化必然导致事物向纵深方向发展，提升事物的层次，使其具有高等性。可以说，高等性是相对的，并非绝对的。高等职业教育之高的理论基础就在于高等职业教育实施的是专业教育。作为拥有众多专业的高等职业院校，其招生标准简单地分为文、理两类学生的高考分数显然没有体现出高等性，与其专业教育的特征不相符。

招生标准是对价值主体需要的反映。作为招生标准的应然制定者，高等职业院校是理所当然的价值主体，招生对象则是当然的价值客体。价值主体的需要是制定招生标准的基础。因此，招生标准制定原则的确定当然离不开价值主体的需要。作为实施高等职业教育的高等职业院校，

---

① 刘智勇，赵前斌. 对高职教育"高等性"和"职业性"的再认识 [J]. 高教探索，2011（04）：108-111.

② 吴根洲. 关于构建高等教育基本原则体系的思考 [J]. 江苏高教，2006（04）：10-12.

培养出符合当地经济发展需要的高级技术技能型人才是其重要使命。而招收到合适的、具有接受高等职业教育能力的生源则是实现其伟大使命的第一步，也是非常重要的一步。招生标准则是高等职业院校提出的对其生源要求的具体化，是高等职业院校价值观念的反映。因此，招生标准的制定体现出高等性是高等职业院校的价值需求。

（三）高等性原则的具体体现

高等性原则指向高等职业院校招生标准的层次、级别，它从起点保证了高等职业院校培养的人才水平。因此，招生标准制定的高等性提出了以下要求：

1.考试内容的高等性

招生标准包括具体的考试科目、相应的权重以及其他条件。招生标准制定的高等性要求考试内容的编制要符合高等职业教育对生源文化理论知识的要求。作为培养实用型人才的高等职业院校，其对生源文化知识的要求虽然并不高，但是这不代表对生源的文化理论成绩没有要求。高等职业教育与普通高等教育一样，都是高等教育的一种类型，高等性是其共同的基础。研究型院校培养的是学术型人才，它需要的是理论基础宽厚的学生，对生源的文化理论知识的要求较高；实用型院校培养的是技术技能型人才，但是这并不说明高等职业院校的学生就不需要较好的文化成绩。《国务院关于考试招生制度改革的实施意见》提出了高考考试内容改革的意见："依据高校人才选拔要求和国家课程标准，科学设计命题内容，增加基础性、综合性，着重考查学生独立思考和运用所学知识分析问题、解决问题的能力"。[①] 这与以前强调死记硬背的考试内容相比，无疑更加能够考查学生的真实水平，保证了考试内容的高等性。高等职业院校对生源职业技能的要求同样如此。与中等职业院校培养的经验型技术人才相比，高等职业院校培养的则是策略层面的高素质

---

① 国务院. 国务院关于深化考试招生制度改革的实施意见 [EB/OL].https://www.gov.cn/gongbao/content/2014/content_2750413.htm.

技术技能型人才，其对生源的技术技能的要求也要体现出高等性。

2.科目设置的高等性

高等职业教育属于专业教育，有限的科目设置是实现高等职业院校培养的人才向专深发展的必要条件。同时，这也是高等职业教育招生标准高等性的要求。此外，高等职业教育是就业导向的，它培养的是面向就业市场的专门人才。高等职业教育对生源文化理论知识的要求是够用就行，体现在其招生标准上则是要求其考试科目仅设置与其所报专业紧密相关的有限科目。这不仅是高等职业教育对生源文化知识的理论要求，也与报考高等职业院校的生源文化素养不是很高的现实情况相符合。研究型院校培养学术型人才，其对生源文化理论知识的要求是既"厚"且"宽"。因为研究型人才从事的是理论研究工作，需要较高的理论水平，所以对生源的要求是不仅精通的科目要多，还要学得扎实、专深；而高等职业院校培养的是技术技能型人才，其对生源文化理论水平的要求是达到一定程度就行，重要的是对其实践操作水平的要求。

二、基于职业教育类型的职业性原则

（一）坚持职业性原则的缘由

一直以来，我国高等职业院校的生源主要是参加统一高考的普通高中毕业生，来自三校生（中职生、中专生、技校生）的生源比例则极少。一方面，由于高等职业院校的招生标准中对普高生的职业技能并没有作出要求，高等职业院校的生源大多都没有职业技能，也没有接触过职业技术培训，多数学生难以适应高等职业院校实施的职业技术教育；另一方面，大多数就读高等职业院校的普通高中毕业生，其第一志愿也并非高职院校，所以入学以后常常对高职教育带有抵触心理，进而影响到高等职业院校的学习氛围，最终导致高职教育的质量难以保障。[1] 因此，虽然普通高中毕业生是高等职业院校生源的主体，但是他们却由于

---

① 吴根洲，朱姝.我国职业教育之生源衔接研究——基于美国社区学院双学分运动的思考[J].成人教育，2011（01）：27-29.

缺乏基础的职业技能训练，并不适合就读高等职业院校。

高等职业院校在针对三校生开设的对口单招中提出了职业技能方面的招生标准。三校生在高等职业院校生源中所占比例较小，但他们却是高等职业院校较为合适的生源。他们具有一定的职业知识与专业素养，接受过专业的职业技能训练，能够较好地适应高等职业教育。然而，由于技能考试不规范等原因，招生标准中的职业技能考试并没有真正地发挥作用。第一，我国中等职业学校的职业技能教学水平较低。我国的中等职业院校，尤其是职业高中，多数是由普通高中改造而来的，并不具备进行职业技能训练的师资和设备。加之学生"重学轻术"的传统观念，导致学生都愿意学习文化课知识以便参加统一高考。因此，职业高中毕业生的职业技能水平较低，并不具备进入高等职业院校学习的能力。第二，我国对职业技能的考核历时较短，还处于起步摸索阶段，不够成熟。考试内容也多由省教育部门委托某些院校出题，缺乏足够高水平命题专家的支持。这使得多数院校的技能考试以大规模的统一闭卷式的纸笔考试为主，职业技能纯属"纸上谈兵"。第三，专业技能考核基本上作为升学考试的软指标，并不计入考试总分。结果只能是考生越来越不重视职业技能的学习，技能考核"名存实亡"。因此，由于各种各样的原因，我国高等职业院校的招生标准中对职业技能的要求根本没有发挥应有的作用。

高等职业院校招生标准中对职业技能方面要求的缺失以及对职业技能标准履行的不规范、不彻底致使高等职业院校招收不到具备相当的职业技能、符合高等职业教育对职业技能要求的生源，非常不利于进入高等职业院校的学生的个人发展和高等职业院校价值主体需要的实现。

（二）职业性原则的理论内涵

职业性原则要求高等职业院校招生标准的制定在遵循高等职业教育对职业性的理论要求，照顾到报考高等职业院校的生源的实际职业技能的情况下，还要考虑高等职业院校作为价值主体的需要。因此，职业性原则的提出是在高等职业院校价值需要的关照下实现理论与实践、历史与逻辑相统一的结果。高等职业教育归根到底属于职业教育，与普通高等教育属于不同的教育类型。高等职业教育作为一种教育类型，与普通高等教育的根本区别在于其职业属性，具体体现在培养目标和课程内容上。高等职业教育以就业为导向，人才培养遵循基于职业属性的教育规律；融职业性的社会需求和教育性的个性需求于一体。高等职业教育的课程是基于知识应用的，是基于工作过程系统化的动态的结构。[①]

职业性原则是职业教育职业属性的集中体现。职业教育的"专业"不是对学科体系专业分类的简单复制，而是对真实的社会职业群或岗位群所需的共同知识、技能和能力的科学编码。[②]这表明职业教育的"专业"从本源上与社会职业紧密相关。"职业性原则是对专业与职业这种密不可分的关系的高度概括，是职业教育基础理论研究的重要领域。专业的职业属性，正是职业教育作为一种主流教育生存与发展的最本质的基础，是职业教育不同于其他教育的最本质的特征。"[③]

招生标准是高等职业院校各个专业对其所需生源具体要求的体现，是各个专业实现招生目标的工具。招生标准的制定需要符合高等职业教育及各个专业对人才的要求，这是为高等职业院校各个专业招收到合适生源提供基本保障。理论上高等职业院校可以依据自身需要制定招生标准，但是现实中招收标准的制定也要面向实际，面向中等学校的办学实践以及高中毕业生的职业技能情况。

目前，我国高等职业院校的主要生源是来自普通高中的毕业生。他们不仅没有接受过职业技能训练，且文化成绩也较差。这大大制约了高等职业院校招生标准的制定，也不利于其职业性原则的体现。虽然中等职业学校毕业生既接触过一定的职业技能训练，也有着一定的文化成绩，但是其升学比例被限制得特别低。这使得许多希望进入高等职业院校深造、接受高等职业教育的中职生无可奈何。这种高等职业院校理想生源

① 姜大源.职业教育：类型与层次辨[J].中国职业技术教育，2008（01）：1+34.

② 姜大源.职业教育学研究新论[M].北京：教育科学出版社，2007：17.

③ 姜大源.职业教育学研究新论[M].北京：教育科学出版社，2007：17.

与现实中可选生源之间的严重错位使得高等职业院校"巧妇难为无米之炊"。如何面向根本没有接受过职业技能训练的学生提出符合职业性原则的招生标准，成为制约高等职业院校进行招生活动的困境。高等职业院校一般定位于培养高级专门人才，为当地社会经济发展服务。那么能否招收到适合接受高等职业教育的生源不仅关系到高等职业院校的培养目标能否实现，也关系到高等职业院校在该省份的声誉和社会地位。招生标准体现了高等职业院校的意志，是为高等职业院校选择合适生源的最有效的工具。概言之，招生标准的制定能否体现职业性原则将直接关系着高等职业院校利益的实现。

（三）职业性原则的具体要求

职业性是职业教育最本质的属性。招生标准的职业性特征要求高等职业院校及各个专业在制定招生标准时要对考生提出职业技能方面的要求，将考生的职业技能作为考试招生的主要依据。

1.招生标准中包括对职业技能的要求

职业性原则要求高等职业院校及各个专业在制定各自的招生标准时要重视对职业技能的考查。首先，高等职业院校要针对各个专业的特点制定出相应的职业技能标准。对于专业实践操作方面的要求既可以是某个专业单独提出要求，也可以是相似的专业作为一个专业群共同提出技能方面的要求。其次，招生标准要想真正发挥作用，还需要依赖现实中的职业技能测试。因此，不仅招生标准要体现职业技能的内容，还需要一些实力较强的高等职业院校联合组织职业技能测试，以达到通过多所院校的力量使职业技能测试真正发挥作用的目的。最后，还需要两个保障条件：一是普通高中要开设职业课程以供想要进入高等职业院校学习的学生选修；二是政府要放开对中职生升学比例的限制，使得更多想要深造的中职生能够实现自己的大学梦。普通高中开设职业课程既可以使文化成绩不好的普通高中生接触到职业技能培训，为其进入高等职业院校学习提供可能，也可以使高等职业院校对生源有更多的选择，并最终实现普职融通的目标。实际上我国普通高中和中等职业学校的数量以及普通高中生和三校生的数量几乎持平。因此，完全可以放开中等职业学校毕业生升入高等职业院校的比例。政府放开对中职生升学比例的限制，不仅可以使更多优秀的中职生进入高等职业院校学习，也有利于我国职业教育的生源衔接和高级专门人才的培养。

2.决策机制中注重对职业技能的考量

招生标准不仅包括有什么考试科目，还包括相应科目的权重。招生标准制定的职业性原则要求高等职业院校应将对生源职业技能方面的要求放在主要地位，文化理论的要求则放在次要地位。换句话说，招生标准中职业技能考试所占权重要明显大于文化理论知识所占权重。基于此可以有两种方案：一是考试总分中职业技能测试所占比重大于文化理论知识的权重；二是将文化理论知识作为资格条件，即以文化成绩过线为前提条件对生源的职业技能测试成绩进行比较。

职业性与高等性之间并非彼此割裂，而是存在着密切的联系。不过，我国高等职业教育的发展历程具有很强的国别特殊性和"与生俱来"的矛盾冲突性，导致职业性与高等性之间的关系始终纠缠在一起，学界对职业性与高等性关系的认识也经历了曲折的过程。与世界主要发达国家相比，我国高等职业教育发展起步晚，最初是依托"三改一补"政策发展而来的，职业属性不显著，与高等性存在冲突。一方面，为了体现自身作为一种教育类型的独特地位，高等职业教育试图脱离对普通高等教育的依附，发展出自身应当具备的职业属性；另一方面，由于缺乏相应的制度环境、评价体系、实践经验等，高等职业教育在探索"高等性"过程中，往往又会将普通高等教育的"高等性"误认为职业高等教育的"高等性"，造成高等职业教育的学术化倾向。就这样，对职业性的追求使得高等职业教育试图摆脱对普通高等教育的依附，而对高等性的向往又使得高等职业教育一次次滑向普通高等教育。可以说，在发展高等职业教育的过程中，职业性与高等性成为两个相互对立、不断博弈的存在。

一直以来，人们总在高职教育"不失水准"（能否达到普通高等教育水准）与"不乏特色"（是否凸显职业教育本色）间权衡。[1] 从理论视角看，这是一种二元思维模式，这种思维模式的形成与当时我国高等教育的发展阶段与发展水平存在密切关联。新时代，我国高等教育进入了新发展阶段，迫切需要新的理论范型，即以多样化为目标的公平—质量范型来打破二元思维模式。该范型以树立科学的质量观，把促进人的全面发展、适应社会需要作为衡量教育质量的根本标准为出发点，对资源供给、制度供给、文化供给提出公平要求。只有在这一范型中，职业性（"不乏特色"）与高等性（"不失水准"）才能实现有机统一。在公平—质量范型中，职业教育成为与普通教育具有同等重要地位的一种教育类型。当高职教育规模发展到占据高等教育半边天后，其主要矛盾转移到了职业教育类型内部，人们开始重点探讨中高层次之间的差异性。一方面，我国三十多所高等职业院校升格为本科层次职业大学，打破了原来职业教育存在的"天花板"，使得高等职业教育具有了探讨高等性的现实基础；另一方面，学界开始在辨析"技能型"教育、"技能型"人才等概念的基础上建立高职教育的"高等性"内涵。这无疑超越了上一阶段简单地对标普通高等教育层次之"高等性"的理解，开始尝试性地从职业教育内部特征来界定"高等性"，[2] 突破了以往陷入"高等性"与"职业性"拉锯博弈的二元思维，转变了传统思维模式，抛弃简单"对标""看齐"普高的意识，从职业教育内部逻辑出发，构建高等性内涵，明确了职业性与高等性的关系，即在高等职业教育中，职业性是具有先在性、根本性、基础性、主导性的属性，高等性则是高等职业教育的高等性，是在职业教育内部生发出来的，两者是有机统一的关系。制定招生标准时同样应当坚持职业性与高等性的统一。

---

[1]　匡瑛."双高计划"背景下高职高等性意涵及其实现 [J]. 高等工程教育研究，2020（01）：148-152.

[2]　匡瑛. 高等职业教育的"高等性"之惑及其当代破解 [J]. 华东师范大学学报（教育科学版），2020（01）：12-22.

第二节　基于统一性基础上的多样性

任何事物都是内容和形式的统一体，高等职业院校的招生标准同样如此。高等性和职业性是基于高等职业院校招生标准的内容提出的制定原则，还需针对高等职业院校招生标准的形式方面提出制定原则。在众多具体的招生标准中存在着普遍性与特殊性、共性与个性的矛盾。内容决定形式。矛盾中的普遍性要求招生标准的制定要在形式上遵循统一性原则；矛盾中的特殊性则要求招生标准的制定要在形式上遵循多样性的原则。统一性离不开多样性，多样性也离不开统一性。结合高等职业院校的招生实际，高等职业院校招生标准的制定应当在统一性的基础上追求多样性，即遵循统一性基础上的多样性原则。

一、追求多样性的原则

招生标准是由高等职业院校制定，用来衡量考生是否符合高等职业院校专业要求的准则，它既反映了招生标准制定主体的价值需要，也契合了生源的实际情况。因此，招生标准的制定原则需要从招生标准制定主体（高等职业院校及专业）和考生两个方面考虑。

（一）坚持多样性原则的缘由

1.高等职业院校发展的需要

理论上，高等职业教育属于高等教育的一种类型，实施的是专业教育。高等职业院校中的专业是教育部门根据劳动市场对从事各种社会职业的劳动者和专门人才的需要以及学校教育的可能性所提供的人才培养单位。专业建设的基础是具有相同职业能力的一组相关职业。随着生产力水平的不断提升，社会分工将日益复杂，需要越来越多类型的人才为当地经济发展服务。相应地，高等职业院校中也需要设置越来越多的专业类型，以培养出各种各样的实用人才。而作为高等职业院校各个专业招生衡量生源的准则,招生标准也必然将呈现出更加多种多样的形式。

现实中，我国高等职业教育体系也是一个类型多样、形式复杂的系统。不同形式、不同类型的高等职业院校具有不同的培养目标和培养规格，相应地就会有不同的招生标准。具体表现在三个层面。首先，不同省份的经济发展结构不同，其对技术技能型人才的需求也不同，自然需要不同的招生标准。教育的外部关系规律表明教育的发展受经济发展水平的制约，所以当地的经济结构类型影响着高等职业院校的专业设置。不同的专业需要不同的生源，自然也要制定出不同的招生标准。其次，高等职业院校的办学理念及其对技术技能型人才的认识不同，自然需要制定出不同的招生标准以选择出多样的生源。不同的办学理念代表着高等职业院校对高等职业教育以及各专业培养目标的认识不同，相应地，自然也会制定出符合自己价值观的招生标准。最后，一些特殊专业需要设置一些与该专业要求密切相关的标准。极个别的专业比较特殊，需要对知识和技能以外的条件设定限制。[①] 例如，招收模特的专业则需要对身高设置一定的标准；招收飞行员的专业则需要对考生设置更多包括视力、身高等在内的条件。

2. 生源实际情况的考量

在我国，高等职业院校的生源主要包括普通高中毕业生和三校生。普通高中毕业生接受的是普通中等教育，没有接触过职业技能培训。他们学习的是包括语文、数学、外语、政治、历史、地理、物理、化学和生物等学科的文化理论知识。与普通高中毕业生不同，三校生接受的则是中等职业教育。他们在学校除了学习一定的文化理论知识之外，更重要的是接触过职业技能培训，具备一定的专业理论知识和专业操作技能。生源实际学习情况的不同使得高等职业院校的招生标准也要保持一定的差异性。人是有意识的生命活动，全面发展是人的权利。然而，人有多样的志趣和生产才能，每个人的爱好、志趣、需要、才能等又都不相同，所以人的全面发展体现于个性发展。[②] 因材施教是实现个性发展最好的

---

① 吴根洲 .70 年中国高校招生标准变迁述论 [J]. 江苏高教，2020（02）：42-48.
② 张楚廷 . 全面发展的九要义 [J]. 高等教育研究，2006（10）：1-6.

教学方法。然而最重要的在于不同的学生要接受最适合他的教育，这是从入学机会上保证个性发展目标的实现。正如不同高等职业院校的不同专业需要制定不同的招生标准一样，个性存在巨大差异的生源同样需要多种多样的招生标准来对其进行衡量。

（二）坚持多样性原则的具体表现

第一，院校层面招生标准的多样性，主要是依据国家对高等职业教育的总体要求，针对不同区域、不同形式的高等职业院校的专业设置，制定出符合各种高职机构培养目标的招生标准。《现代职业教育体系建设规划（2014—2020年）》提出了一系列的包括"加快高等职业院校改革步伐，引导本科高校向应用技术类型高校转型发展，鼓励独立学院转设为应用技术类型高校，鼓励本科高等学校与示范性高等职业学校通过合作办学、联合培养等方式培养高层次应用技术人才，应用技术类型高校同时招收在职优秀技术技能人才、职业院校优秀毕业生和普通高中、综合高中毕业生，探索举办特色学院"等在内的高等职业教育办学形式。高等职业教育的办学形式如此多样，自然不能用单一的理论知识或职业技能来为它们招收生源。因校制宜，区别对待，针对不同区域、不同形式的高等职业教育办学形式制定出多样性的招生标准才是科学的。

第二，专业层面招生标准的多样性，主要是依据社会各个行业、部门对不同层次、类型高级专门人才培养规格的要求，提出的对高等职业院校不同专业所需生源的标准。高等职业院校是就业导向的，其专业设置也是面向社会的职业群或岗位群的。不同的社会职业需要具备不同的职业能力，这既为高等职业院校的专业设置和课程建设指明了方向，也为各专业制定招生标准提供了依据。现如今我国高等职业院校招生依靠高考总分作为唯一的录取依据，不仅大大降低了考生的专业匹配度，不利于学生的个性发展，也严重阻碍了高等职业院校教育目标的实现。

第三，个体层面招生标准的多样性，主要依据是学生的个性差异提出的对评价方式的不同要求。这个层面的招生标准的多样性强调的是学生之间的差异。每个学生都是独立的个体，是成长中的人。他们的个性发展存在着极大的差异，不能用单一的方式去衡量每一个人。[①]《国家中长期教育改革和发展规划纲要（2010—2020年）》在考试招生制度改革一章中指出："普通高等学校本科招生以统一入学考试为基本方式，结合学业水平考试和综合素质评价，择优录取。对特长显著、符合学校培养要求的，依据面试或者测试结果自主录取；高中阶段全面发展、表现优异的，推荐录取；符合条件、自愿到国家需要的行业、地区就业的，签订协议实行定向录取；对在实践岗位上作出突出贡献或具有特殊才能的人才，建立专门程序，破格录取。"[②] 这些针对不同类型的学生采取不同招生标准的措施则是对招生标准多样性的最好体现。

（三）坚持多样性原则的意义

1. 有利于培养出国家各行各业所需的实用人才

社会经济的发展和进步需要具备多种职业能力的专业人才。然而目前高等职业院校招生依据高考总分的做法大大降低了考生素质结构与专业的匹配度。即使进入高等职业院校以后，学生也容易对自己所在专业产生抵触情绪，不利于合格的专业人才的培养。这既有损学生个人的健康发展，也使得社会所需的合格专业人才难以得到满足。依据相应的专业要求制定出多样性的招生标准则可以大大提高院校招收到合适生源的概率，从源头上提高毕业生的培养质量。

2. 有利于高等职业院校办出特色，实现自身的发展

依据单一的高考总分招收的学生，不仅不具备高等职业院校各专业所要求的素质，而且对本专业满意度较低，学习积极性不高。这极易使该专业陷入"学生不想学""教师不想教"的危险境地，导致专业实力急剧降低，成为学校的"黄牌"专业。相反，若依据该专业特色，制定出科学、合理的招生标准，那么该专业将会进入教师因为学生学习热情高而想教、学生因为教师教得积极而更想学的良性循环，从而使该专

---

① 吴根洲.70年中国高校招生标准变迁述论 [J]. 江苏高教，2020（02）：42-48.

② 国家中长期教育改革和发展规划纲要（2010—2020年）[EB/OL]. http://www.moe.gov.cn/srcsite/A01/s7048/201007/t20100729_171904.html.

业成为学校的优势专业、特色专业。这有利于那些整体实力弱小而特色专业强劲的院校凭借优势专业在院校中占得一席之地。

3. 有利于实现学生的个性发展

由于个人的兴趣、爱好、志趣和才能等不同，所以他们的发展是个性发展，是每个人的全面发展，并非一模一样的全面发展。[①] 个性发展的实现取决于他们能否进入合适的高校和专业、接受适合自身素质结构的教育。遵循多样性的制定原则，制定出科学、合理的招生标准有利于从多方面对考生进行衡量，实现对考生的综合评价，进而增强考生与高校及专业的匹配度，实现学生的个性发展。

二、基于统一性的基础

（一）坚持统一性原则的原因

在社会分工越来越细、高等职业院校专业设置越来越丰富的背景下，强调招生标准制定的多样性原则，既有必然性，也有合理性。但是如果过分强调招生标准制定的多样性而忽视必要的统一性，招生标准的多样性就会变成随意性，就会使高等职业院校的招生标准失去应有的"底线"。每一事物既有共性又有个性，招生标准同样如此。事物的个性要求招生标准遵循多样性原则；事物的共性要求招生标准遵循统一性原则，因此，我们在强调招生标准的多样性时，也要注意招生标准的统一性。只注重多样性，不仅会影响招生标准制定的科学性，也会使招生标准过多而无法执行。它是国家和高等职业院校对生源要求的底线。招生标准是高等职业院校用来衡量生源的工具，反映了高等职业院校及专业对生源的素质要求和价值需要。制定统一性的招生标准必须以现阶段国家和高等职业教育的人才培养目标为依据，因为这些目标反映了这一时期国家和高等职业教育对生源的需求和预设。虽然不同高等职业院校、不同专业的培养目标各异，但是作为高等职业教育，他们的培养目标有共性

---

① 张楚廷. 全面发展的九要义 [J]. 高等教育研究，2006（10）：1-6.

的方面。

高等教育法规定，"高等教育必须贯彻国家的教育方针，为社会主义现代化建设服务、为人民服务，与生产劳动和社会实践相结合，使受教育者成为德、智、体、美等方面全面发展的社会主义建设者和接班人；高等教育的任务是培养具有社会责任感、创新精神和实践能力的高级专门人才"[①]。《教育部关于推进中等和高等职业教育协调发展的指导意见》指出，"加快建设现代职业教育体系，系统培养数以亿计的适应现代产业发展要求的高素质技能型人才，为现代产业体系建设提供强有力的人才支撑"。《国家中长期教育改革和发展规划纲要（2010—2020年）》指出，"职业教育要面向人人、面向社会，着力培养学生的职业道德、职业技能和就业创业能力；满足经济社会对高素质劳动者和技能型人才的需要"。《国务院关于深化考试招生制度改革的实施意见》中明确提出了"高等职业院校考试招生与普通高校相对分开，实行'文化素质＋职业技能'评价方式"[②]。

新生与毕业生的关系好比粗毛坯与产品的关系。[③]要想培养出合格的产品需要选出相应合适的粗毛坯。根据上述文件对高等职业教育培养目标的论述，我国现阶段高等职业教育对粗毛坯的要求主要体现在三个方面：

第一，高等职业教育属于高等教育的一种类型，要求生源是一名合格的中等教育毕业生，具备高中教育阶段的基本理论知识，这是所有高等职业院校招生的基本要求。第二，高等职业教育属于职业教育的高级层次，其教育内容是对复杂工作过程的系统迁移。其培养的学生可以从事更具深度和广度、更加复杂的工作，可以驾驭策略层面的工作实践。

---

① 中华人民共和国教育部.中华人民共和国高等教育法[EB/OL].http://www.moe.gov.cn/jyb_sjzl/sjzl_zcfg/zcfg_jyfl/202204/t20220421_620257.html.

② 国务院.国务院关于深化考试招生制度改革的实施意见[EB/OL].https://www.gov.cn/zhengce/content/2014-09/04/content_9065.htm.

③ 吴根洲.高考效度研究[M].武汉：华中师范大学出版社,2008：197.

这使得高等职业教育对生源的理论水平要求也较中职更高。因此，对进入高等职业院校学习的学生在文化理论知识方面还需要有一定的要求。第三，高等职业教育属于高等教育的一个类型，与普通高等教育有着不同的培养目标。它要培养适应现代产业发展要求的高素质技能型人才，职业属性是其重要属性之一。因而对进入高等职业院校学习的生源还有职业技能方面的要求。

（二）坚持统一性原则的现实体现

1.报考条件的统一

高等职业教育对报考的生源需要有一些基本的要求，例如身体健康。健康的身体是学生能够进行学习、发展自己的物质前提，是遗传对教育产生影响的体现。对于高等职业教育，尤其是需要动手操作的专业来说，其对职业技能的要求较高，而这更需要健康的身体作为前提。除了身体健康，高等职业院校招生还要求报考者是一名合格的应、往届毕业生。这表明报考者成功地完成了中等教育阶段的学习任务，有接受更高层次教育的可能。

2.招生标准的统一

招生标准制定的统一性要求不同高等职业院校的相同专业或同一院校的相似专业要保持招生标准的统一性。首先，在经济结构完全不同的省份，虽然各高等职业院校中的专业可能不同，但是它们也有着都属于高等职业教育的共同点，所以专业录取标准都有对于知识和技能方面的要求。其次，在同一省份，不同高等职业院校中的同一专业招生标准也要保持统一性。虽然处于不同的院校中，但是它们属于相同的专业，又处于同一经济结构的省份，因此不同院校中的同一专业，其招生标准也应该保持统一。这不仅是专业良性发展的内在要求，也是高等职业院校招生方便的实践需求。最后，同一院校中的相似专业，其招生标准也应该保持统一性。同一院校的某些专业，虽然它们不完全相同，但是它们之间的区别仅仅是培养目标上的微小差别，体现在对生源的选择上则没有显著差异。对于这样的相似专业，高等职业院校则可以通过专业大类的形式制定招生标准，这不仅是高校提高招生效率的体现，也有利于学生的适性发展。

（三）坚持统一性原则的意义

1. 有利于规避过分强调多样性的危害

长期以来高等职业院校招生依附于普通高考，并没有建立符合高等职业教育特色的考试招生制度。近年来我国的高等职业院校开展了一系列自主招生改革，也取得了一些成效。在高等职业院校没有统一的考试招生制度的情况下，如果过分强调高等职业院校招生标准的多样性，容易造成招生混乱的局面。在制定招生标准方面，高等职业院校既没有充分的招生标准制定权，也没有独立制定招生标准的能力。因此，过度强调多样性而忽视统一性则会使高等职业院校招生标准的科学性难以得到保证。在注重招生标准多样性的同时也强调统一性，则可以规避过度强调多样性的危害，制定出科学的招生标准。

2. 有利于招收到合适的生源

不同的事物之间既有共性也有个性。招生标准的制定坚持统一性则有利于强化高等职业院校对生源共性方面的要求，使高职院校招收到的学生的文化素质、职业技能等水平比较整齐。高等职业教育的生源虽然可能有不同的来源，但是招收标准中的共性与特征可以使他们具备接受相同的教育的基础。一方面，有利于高等职业院校招收到合适的生源；另一方面，也有利于高等职业院校招生以后教学工作的开展。

3. 方便高等职业院校和考生的操作

过多、过细的招生标准不仅会增加院校志愿投档环节的难度，也会使考生在报考院校时增加不必要的负担。目前仅依据高考总分作为录取标准的做法虽然不科学，但是高等职业院校的录取工作较为简单。[①]一旦招生标准多样化，势必会增加高等职业院校在录取环节工作的时间。在招生标准科学的情况下，高等职业院校录取时间的增加是必要的。然

---

① 吴根洲.70 年中国高校招生标准变迁述论 [J]. 江苏高教，2020（02）：42-48.

而如果过度强调多样性而忽视统一性则不仅会增加高等职业院校不必要的负担，而且也会使考生面临考试以外的更多压力。招生标准的制定坚持统一性则可以避免高等职业院校增加不必要的负担，也可减轻考生报考方面的压力。招生标准统一性又必须落实在多样性之中，统一性是高等职业教育对生源的整体要求，反映的是高等职业教育内在的、共同的本质。统一性越强越有利于个性、特色的形成。

招生标准中多样性与统一性相互促进：招生标准的多样性是统一性的目的和发展，没有多样性的统一是招生标准的单一、僵化；招生标准的统一性则是多样性的基础与保障，没有统一性要求的多样性会变成随意性。在高等职业院校招生标准中，片面强调任何一方的标准都不利于制定出科学的招生标准，都不能很好地促进高等职业院校及专业与学生相适应。制定多样性与统一性和谐统一的招生标准是高等职业教育健康发展的必然选择和重要途径。在高等职业院校招生录取率越来越高的背景下，必须高度重视这一点：没有多样性的招生标准，用单一的高考总分来衡量兴趣各异、才能不同的考生，显然是非常不科学的；没有统一性的招生标准，片面强调多样性也不利于招生标准的切实执行。

第三节　适应性与竞争性之间的平衡

招生标准作为高等职业院校衡量考生的工具，既要遵循高等性和职业性的原则，又要遵循统一性和多样性相结合的原则。归根到底，招生标准要遵循适应性的原则，不仅要适应高等职业教育的要求，还要兼顾报考生源的实际情况。由于高校招生计划有限，如果报考者中符合招生标准的考生多于招生计划的数量，则需要在全部符合标准的考生中淘汰部分考生。因而招生标准还要遵循竞争性的原则。适应性是教育内部规律在招生标准制定上的体现；竞争性则是教育外部规律在招生标准制定上的体现。因此，招生标准的制定应当协调好适应性和竞争性之间的关系。

一、适应性是高等职业教育内涵发展的要求

（一）适应性原则的理论内涵

第一，教育目标：全面发展。社会主义教育的目标是通过德育、智育、体育、美育等培养全面发展的人。人的全面发展学说是马克思在他的政治经济学理论里论述的。马克思首先把人作为生产力的劳动力来阐述人的全面发展的。人作为劳动力，需要的是体力和智力的和谐、统一的发展。此外，马克思还把人当作社会关系的总和来看待。作为社会关系的总和的人的全面发展包括道德、意志、情感、审美情趣等等的发展。马克思的全面发展是体现于个性发展的。[①] 由于人的兴趣、爱好、才能、需要等不同，所以人的全面发展并非一模一样的全面发展，而是个性发展，是每个人的全面发展。正如"因材施教"，不同的人需要不同的教学方法一样，人的个性发展的实现也需要接受与个性相匹配的教育。

第二，接受合适的教育：考生与高校。人的发展需要接受合适的教育。[②] 同样，不同的教育也需要招收到与之相适应的生源。二者需要的满足有待于制定出合理的招生标准。在教育系统内部，招生标准作为连接高校和考生的桥梁，其制定需要遵循适应性的原则，与两者相适应。"适应"一词的含义，包括两个方面，一个方面是"受之制约"，另一个方面是"为之服务"。在招生标准的制定环节，"适应"一词的含义主要是"受之制约"，即招生标准的制定要受到高等职业院校及专业和生源实际情况的制约。

第三，招生标准与考生和高校。招生标准是为高校选择生源服务的，是高校制定出来衡量考生的，自然要受高校的制约。高校对招生标准的制约主要表现在招生标准的内容是依据高等职业院校及专业对生源的要求制定的，反映了高等职业院校的价值需要，是高等职业院校实现目标的工具。高等职业教育属于高等教育的一种类型，属于职业教育的一个

---

① 张楚廷. 全面发展的九要义 [J]. 高等教育研究，2006（10）：1-6.

② 吴根洲，王棒. 论高职招生考试的适应性 [J]. 职业技术教育，2017（01）：53-57.

高等层次，其培养的是高级的技术技能型人才。高等性和职业性作为高等职业教育的根本属性，自然成为高等职业院校对生源的必然要求。而招生标准制定原则中的高等性和职业性正好反映了高等职业院校的需要对招生标准的制约。虽然招生标准是为高等职业院校招生服务的，但是也要兼顾生源的实际情况。招生标准就像一把尺子，用什么样的尺子不仅取决于主体要测量什么物理量，被测量物体的客观情况也会影响到尺子的选择。因此，招生标准的制定也要兼顾生源的实际情况。

（二）适应性原则的具体要求

1.紧扣专业要求

招生标准是为高等职业院校及专业招生而制定的准则，最重要的就是要体现高等职业院校及专业对生源的要求。高等职业院校及专业的需要全部反映在招生标准中，他们能否招收到合适的生源完全取决于其招生标准是否科学、是否反映了专业的要求。普及化阶段，高等职业院校招生仍然依据高考总分作为唯一衡量标准，这无疑大大降低了招生标准的科学性，也使得高等职业院校及专业招收到合适生源的可能性微乎其微。"在普及化阶段，上大学不仅仅是选拔优秀生源的问题，而是学生如何选择符合个性需求的高校、专业与高校、专业如何选择契合自身办学特色的生源的双重问题。"①

高等性和职业性是高等职业教育的根本属性，高等职业院校招生标准的制定当然要遵循这两个原则。高等职业教育的人才培养目标和类型是面向基层、面向生产、服务和管理第一线的实用型、技能型、管理型人才，他们需要理论和实践两方面的能力。具体说来，招生标准的制定则需要包括文化素质和职业技能两方面的内容。从根本上说，高等职业院校招生是为专业招生的，考生最终要与专业相匹配，所以招生标准的制定要紧扣专业的具体培养要求。高等职业院校的专业是根据社会分

---

① 潘懋元.从选拔性考试到适应性选才——高等教育普及化阶段试行"套餐式"招生模式的设想[J].高等教育研究，2021（09）：1-4.

工后形成的职业群或岗位群而设置的，越来越多的职业群使得高等职业院校的专业设置也日渐丰富。不同专业的培养目标不同，需要的粗毛坯自然也不同。对不同粗毛坯的需求使得各个专业的专业录取标准也各不相同。因此，招生标准的制定要遵循多样性的原则。当然招生标准的多样性，不是为了多样性而多样性，而是高等职业院校各专业的内在要求。

2.切合考生实际

不同的生源群体具有不同的素质特征，相应地也需要与之相适应的不同类型的测验。学习成就测验主要反映个体在受教育过程中对知识和技能的掌握程度，与基础教育的具体课程关系密切。能力倾向测验亦称学习能力测验。它更强调预期性，目的在于测量学生的潜在学习能力及学术发展趋向，[1]超越基础教育的具体课程。报考高等职业院校的考生，其文化课程成绩大多较差。与超越基础教育具体课程的能力倾向测验相比，与基础教育具体课程关系密切的学习成绩测验则更适合他们。因此，高等职业院校及专业在制定招生标准时最好选用考生的学业成就测试的成绩，因为这个测验能够最大程度测试出考生的真实水平。不同的测验内容也需要不同的考试。与普通高等教育不同，高等职业院校对考生既有文化理论知识方面的要求，也有职业技能方面的要求。相应地，高等职业院校招生考试中既有用来测试理论知识的文化考试，也有专门测试操作技能的职业技能测试。文化考试测试不出操作技能，职业技能考试也测不出理论知识，所以考试类型与所要测试的内容也要正确匹配。如若不然，既达不到测试的目的，容易造成考生和专业不相匹配，也会浪费许多人力、物力和财力。因此，高等职业院校及专业在制定招生标准时最好选用与其测试目的相符合的考试。

不同来源的考生，其素质特征不同，所以招生标准要有针对性。目前，我国高等职业院校的生源主要有普通高中毕业生和三校生。普通高中毕业生具有较高的文化知识水平，但是却没有接触过职业技能训练。

---

[1] 吴根洲.高考效度研究[M].武汉：华中师范大学出版社,2008：168.

所以高等职业院校的招生标准只能对他们提出文化成绩方面的要求，并且安排他们进入职业技能要求不高的专业。即使以后高中开设了职业课程，普通高中毕业生的优势也仍然是文化课，所以招生标准中文化成绩的比重要大于职业技能的比重。三校生则与普通高中毕业生相反，他们的文化理论水平不如普通高中毕业生，其特长在于接触过系统的职业技能培训。因此，高等职业院校的招生标准中对三校生职业技能要求的比重可以大于文化成绩要求的比重。

（三）坚持适应性原则的意义

招生标准在制定时，要受高等职业院校及专业要求和考生实际情况的制约。它可以为高等职业院校及专业和考生素质结构的匹配服务。合适的招生标准，一方面有利于高等职业院校及专业招收到符合专业要求的新生，另一方面也有利于考生进入与其素质结构相适应的高等职业院校及专业。招收到合适的生源予以培养是高等职业院校保证其培养质量的首要环节。[①] 适应的招生标准可以将高等职业院校及专业对生源的素质要求变得十分具体、可操作，是高等职业院校及专业招收到合适生源最有效的武器。从反面来说，合适的招生标准也可以将那些不适合就读某专业的考生淘汰，维持该专业生源的质量。适应的招生标准也是考生找到与自己素质结构相适应的专业、实现个性发展的"指路明灯"。

许多考生虽然想进入适合自己的高等职业院校及专业学习，但是却不了解自己适合哪个专业。合适的招生标准可以为考生提供指导。考生可以将自己擅长的考试科目与不同专业的招生标准比照，招生标准中含有较多自己擅长科目的那个专业就是最适合自己的专业。科学、多样的招生标准的制定有利于引导考生着重发展自己擅长的科目，而不必将精力分散在所有科目上。考生有针对性地学习，不仅可以减轻考生的学习负担，也可以使考生有剩余的精力去从事那些利于个人发展的其他活

---

① 吴根洲，王棒．论高职招生考试的适应性 [J]．职业技术教育，2017（01）：53-57.

动。这不仅有利于考生个性发展的实现，也有利于引导高中素质教育的实施。

二、竞争性是高等职业教育外部制约的体现

（一）竞争性原则的理论内涵

教育的外部关系规律表明，教育必须与社会发展相适应。[①] 就高等职业教育这个系统而言，它所指的就是高等职业教育要与社会发展相适应。具体可以解释为，高等职业教育必须受一定社会的经济、政治、文化所制约，并为一定社会的经济、政治、文化的发展服务。其中，经济方面的因素是制约高等职业教育发展的因素中很重要的一个。经济对高等职业教育发展的制约主要体现在两个方面：一是经济发展水平决定了可以用于高等职业教育发展的资金；二是经济结构类型决定了高等职业教育的培养目标和培养规格。结合我国社会经济发展的实际来说，则主要体现在：一是限于经济发展水平，虽然高等职业院校录取率较之以前有大幅提高，但是并非所有学生都可以进入高等职业院校学习，或者进入所报考的专业，所以需要有一定的淘汰率；二是不同省份的经济结构类型不同，其地区的高等职业院校的专业设置就会不同。

教育的外部规律要通过内部规律来实现。[②] 经济因素对高等职业教育的制约最终要通过高等职业教育的内部规律来体现。经济发展水平对高等职业教育的制约，体现在高等职业院校招生标准的制定上则是要保持一定的竞争性。具体原因主要有三个：

一是当地的经济发展水平决定了政府用于发展高等职业教育的资金的多少。现阶段，由于经济发展水平的制约，我国多数省份的高等职业教育处于"供不应求"的局面。这就使得报考高等职业院校的考生，最终并非都能进入高等职业院校、接受高等职业教育，所以需要保持一定的淘汰率。体现在高等职业院校的招生标准上则是要具有竞争性。二

---

① 潘懋元. 教育的基本规律及其相互关系 [J]. 高等教育研究，1988（03）：1-7.
② 潘懋元. 教育的基本规律及其相互关系 [J]. 高等教育研究，1988（03）：1-7.

是各地的经济发展结构决定了对各种人才类型的需求数量。高等职业教育是就业导向的，当地需要多少某种类型的人才，就相应地在某专业设置多少名额。所以经济发展水平和经济发展结构共同决定了当地高等职业院校各专业的招生计划。招生计划相当有限，自然需要保持一定的淘汰率，体现在高等职业院校的招生标准上，就是要保持一定的竞争性。三是高等职业院校内部存在办学质量差异。高等职业院校规模庞大，内部办学质量也参差不齐。学生在报考院校时总是希望能够被办学质量较高、就业情况较好的院校录取；反过来，生源的质量也参差不齐，高等职业院校在选择生源时也希望可以录取到更优秀的学生。因为学生越是优秀，不仅意味着较高的毕业率，也意味着可以找到较好的工作，为学校带来较好的声誉，实现学校与学生的双赢。此外，"随着高等职业教育整体质量的不断提高，类型特征越来越鲜明，将有更多原本在普通高考中具有竞争力的学生转而参与职教高考的竞争，这个变化会进一步强化职教高考的选拔性特征"。①

（二）竞争性原则的具体要求

1. 以适应性为前提

竞争性是高等职业教育的外部关系规律在招生标准上的体现。教育的外部关系规律必须通过内部规律实现，竞争性最终要发挥作用也必须通过内部关系规律来实现。具体说来就是招生标准的竞争性要通过适应性来实现。当招生标准足够科学时，按照招生计划选择出"更"合适的考生、淘汰"合适"的考生，其实就是发挥了竞争性作用。适应性原则的实现有利于制定出符合高等职业教育各个专业具体要求的招生标准，能够在最大程度上反映出专业对所需生源的要求，这是高等职业教育内部关系规律的体现。只有在制定出如此科学、合理的招生标准的前提下，招生标准竞争性的实现才是有意义、有价值的，才与高等职业教育的内部关系规律不相违背，体现了外部关系规律通过

---

① 吴根洲.职教高考的适应性与选拔性 [J].职教论坛，2021（06）：49–52.

内部关系规律起作用。

2.保持合适的"区分度"

竞争性的实现需要在制定出科学的招生标准的前提下，使考生之间在某项能力上的差异以可测量、可比较、容易作出判断的方式呈现出来。这就要求招生标准要具有良好的区分度，因为较好的区分度是对考生进行鉴别、将考生区别出来的前提。招生标准本身又包括许多考试，所以这些考试需要具有较好的区分度。第一，考试题目本身需要有较好的区分度。高水平考生在测验题目上能得高分，而低水平考生只能得低分，那么测验题目区分考生水平的能力就强；高水平考生和低水平考生在测验题目上所得分数没有差异，题目不能提供关于考生水平差异的信息，则它的区分能力就很弱。因此，考试题目的选择要与被测试群体的水平相适应。第二，测验分数的表达要准确、可比。竞争性的实现直接取决于考试分数是否准确、可比。原始分数虽然表明学生对相应科目标准的实现程度，但是缺乏可比性，因而需要转换为可比的导出分数。[①]转换的过程需要以科学性为前提，这样才不会丢失或改变原始分数所包含的丰富的信息。

（三）竞争性原则的意义

1.有利于实现高等职业教育和社会经济状况的协调发展

竞争性原则是社会经济发展对高等职业教育的制约在招生标准上的体现。有限的经济发展水平使得当地能够用于高等职业教育的资源有限，相应地也限制了高等职业院校的招生计划。而招生标准所发挥的竞争性作用不仅使高等职业院校招收到更优秀的学生，而且也使高等职业院校培养的人才类型和数量与当地社会对实用型人才的需求相协调。因此，保持招生标准的竞争性既可以使高等职业教育在与社会经济水平相适应的条件下发展，也可以使高等职业院校培养出的人才符合社会经济

---

① 文东茅，鲍旭明，傅攸.等级赋分对高考区分度的影响——对浙江"九校联考"数据的模拟分析[J].中国高教研究，2015（06）：17–21+72.

发展的需求。

2.有利于提升高等职业教育的质量

高等职业院校由于受经济发展水平的制约，其招生计划往往十分有限，这使得高等职业院校招生常常面临要淘汰部分考生的局面。以高等职业院校某专业的录取工作为例，大致可以分为三种情况：一是合适的考生数少于招生计划数；二是合适的考生数等于招生计划数；三是合适的考生数多于招生计划数。在前两种情况中，招生标准的竞争性可以将不合适的考生淘汰出去。第三种情况中，招生标准的竞争性则会淘汰相对而言不那么优秀的考生，进而将更优秀的考生留下。而高等职业教育的质量很大程度上取决于招收的学生的质量，每年高等职业院校火爆的招生宣传便可见一斑。因此，招生标准的竞争性可以将报考者中不适合的考生淘汰出去、将最合适的考生留下，提升高等职业教育的质量。

3.有利于激发学生的学习积极性

竞争往往意味着淘汰。竞争越激烈，淘汰率越高，往往越能激发人们的斗志。古代科举考试录取率那么低，却仍然有无数的读书人穷尽一生参加考试便是最好的证明。如今的高等职业院校招生同样如此。虽然现如今高等职业院校的招生录取率很高，但是保持一定的竞争性无疑有利于使学生努力向学，激发考生的学习积极性。

适应性是高等职业教育的内部规律对高等职业院校招生标准要求的体现；竞争性则是高等职业教育的外部规律对内部规律的制约在高等职业院校招生标准上的反映。结合高等职业院校招生标准制定的情况，适应性和竞争性的理想关系应该是：一方面，招生标准在追求适应性时要兼顾竞争性；另一方面，招生标准的竞争性要以适应性为前提，寓竞争性于适应性、以适应性引领竞争性，最终实现适应性和竞争性的共生统一。

第一，招生标准追求适应性的同时要兼顾竞争性原则。高等职业教育作为高等教育的一种类型和职业教育的高级层次，其培养目标是高级专门人才。而制定出合适的招生标准是高等职业教育招收到合适生源的重要工具，也是高等职业教育实现健康发展的内在要求。[①] 人有许多需要，发展是其中非常重要的一个。人又因兴趣、爱好、才能等方面的不同而需要不同的发展，即个性发展。接受与自己素质结构相适应的教育是个体实现自身发展的重要途径。招生标准则是衡量高等职业院校及专业和考生是否匹配的工具，所以其制定要适应高等职业院校及专业的需要和考生实际。这就决定了招生标准的制定要遵循适应性的原则，而且这属于高等职业教育的内部规律，是高等职业教育发展的内在要求。

如果只考虑高等职业教育的内部规律而忽视外部规律，即"就教育谈教育"，哪怕谈得再好，社会条件不具备，教育的社会效益、经济效益就不能实现。教育的外部关系规律表明教育必须同社会发展相适应。结合高等职业教育实际，就是要让高等职业院校的招生计划与经济发展水平相适应，人才培养类型和经济结构类型相适应。如果忽视高等职业教育外部关系规律，随意增加招生名额，高等职业院校将没有足够的师资、设备提供给学生；如果忽视经济发展对高职人才培养的制约，高等职业院校培养出来的学生将面临无业可就的局面。

高等职业教育的外部关系规律表明，高等职业院校的招生计划要与能够用于高职的资金相一致，人才培养类型要与社会经济发展对人才的需求相适应。而这些规律对高等职业院校招生标准的要求即体现为招生标准的制定要遵循一定的竞争性原则。我们之所以引进市场机制或竞争机制来改革教育，正说明我们不能不考虑外部规律的作用。[②] 现如今我国高等职业院校的招生录取率虽然较高，但是对于某个专业来说，仍然需要淘汰掉一些考生。在招生标准科学的前提下，当招生计划名额少于报考者时，招生标准的竞争性则可以淘汰掉不合适的考生留下合适的考生，或者留下"更适应"的考生而淘汰掉相对而言不是那么适应的考生。这就是高等职业教育的外部规律对内部规律制约的体现，而招生标

---

① 吴根洲. 职教高考的适应性与选拔性 [J]. 职教论坛，2021（06）：49-52.

② 潘懋元. 教育的基本规律及其相互关系 [J]. 高等教育研究，1988（03）：1-7.

准的竞争性则是高等职业教育内部规律受外部规律制约的体现。

第二，招生标准的竞争性要以适应性为前提。竞争性是高等职业教育外部规律制约内部规律在招生标准上的体现。高等职业教育外部规律表明高等职业院校招生计划和人才培养类型受社会经济发展的制约。具体表现在：高等职业院校招生计划数要与经济发展水平相适应；人才培养类型要与经济结构相适应。[①]这要求招生标准的制定要遵循一定的竞争性，这是高等职业教育外部规律的要求。"就教育谈教育"是行不通的，但是只就社会的经济因素来谈高等职业教育，只遵循高等职业教育的外部规律而忽视高等职业教育的特殊性，违反高等职业教育内部规律也是不全面的。当运用教育外部关系规律时，不能又产生另一种偏向，即强调外部规律而忽视内部规律。

没有适应性作为前提的竞争性是不科学的。制定出适应高等职业院校及专业和考生两者需求的招生标准，是高等职业教育发展的内在要求。如果忽视招生标准的适应性仅强调竞争性，那么任何不科学的招生标准都可以发挥淘汰掉超过招生计划部分考生的作用。那时招生标准的竞争性仅需要统一的招生标准——不论招生标准是否符合高等职业院校及专业对考生的要求——就可以实现。然而这却严重违背了高等职业教育的内部规律，不利于高等职业教育的发展。高等职业教育的外部规律要通过内部规律来实现，所以高等职业院校招生标准的竞争性要以适应性作为前提。建立在适应性基础上的竞争性才是有意义的。招生标准的适应性是高等职业教育招收到合适考生的基础，而这也是高等职业教育内部规律的要求。因此，适应性是招生标准的根本原则，是招生标准的核心灵魂。竞争性仅是高等职业教育外部规律制约内部规律在招生标准上的体现。外部规律只有通过内部规律才能起作用，所以招生标准的竞争性要建立在适应性的基础上。

---

① 吴根洲. 职教高考的适应性与选拔性 [J]. 职教论坛，2021（06）：49-52.

第三章 考试方式的理论设计

构建合适的招生标准制定原则，从理论上提高了高等职业院校制定出科学的专业录取标准的可能性。招生标准的内容主要包括不同的考试科目及其相应的权重，至于招生标准是否能够真正发挥作用，则还要依靠各个招生考试的具体落实。《国务院关于深化考试招生制度改革的实施意见》规定："中职学校毕业生报考高职院校，参加文化基础与职业技能相结合的测试。普通高中毕业生报考高职院校，参加职业适应性测试，文化素质成绩使用高中学业水平考试成绩，参考综合素质评价。"①因此，有可能计入高等职业院校招生标准的考试方式主要包括高中学业水平考试、职业技能测试和综合素质评价。科学的认识有利于指导实践正确地展开。正确、合理地开展招生考试需要以对招生考试的科学认识为前提。因此，本节主要从高等职业院校招收到合适生源的角度对包括学业水平考试、职业技能测试和综合素质评价等在内的各种考试方式进行合理的设计。

第一节 学业水平考试的设计

高中学业水平考试是保障高中学校教育教学质量的一项重要教育

---

① 国务院. 国务院关于深化考试招生制度改革的实施意见 [EB/OL]. https://www.gov.cn/gongbao/content/2014/content_2750413.htm.

评价制度。《国务院关于深化考试招生制度改革的实施意见》将学业水平考试成绩作为高等职业院校文化课的考试成绩，即将学考纳入了高等职业院校招生体系中。学业水平考试作为高等职业院校招生考试方式之一，其能否发挥应有的价值关系着高等职业院校招生目标的实现。因此，在高等职业院校招生标准制定原则的指导下，对高等职业院校招生考试体系中的学业水平考试进行合理设计则显得十分必要。

一、学业水平考试的设计依据

高等性与职业性相结合、统一性基础上的多样性以及适应性为主等原则，是对高等职业院校招生标准的整体性要求，并不意味着招生标准的各个部分都要同等地遵循这些原则。学业水平考试仅仅是高等职业院校招生标准的构成之一，它既需要遵循这些原则，但是也要依据实际情况进行调整。具体来说，学业水平考试的理论设计应遵循以下具体原则。

（一）符合职业性的要求

在招生标准的原则体系中，并非每一个原则都要涉及所有的问题，不同的原则侧重于指导不同的实践问题。学业水平考试作为高等职业院校招生考试之一，相较于高等性和职业性原则中的高等性，它更需要遵循职业性原则。原因如下：

第一，作为高等职业院校选拔生源的学业水平考试，其结构应该满足高等职业教育对职业性的要求。同样一场文化素质考试，普通高等院校对学业水平考试的要求和高等职业院校对学业水平考试的要求显然是不一样的。普通高等院校实施的是普通高等教育，培养理论研究人才或应用技术人才，它们需要具备宽厚理论基础的生源作为新生。相应地，它们对学业水平考试内容的要求多为能力取向，难度更大。同时更加注重考查学生独立思考和运用所学知识分析问题、解决问题的能力。高等职业院校考试招生与普通高校有一定的区别，实行"文化素质＋职业技能"评价方式，所以文化素质仅是高等职业院校对考生要求的一部分。高职院校主要培养职业技能型人才，加之学生精力有限，所以对考生文化素质的要求较低，体现在学业水平考试上，即高等职业院校对学业水平考试的难度要求不如普通院校。

第二，学业水平考试的成绩在高等职业院校招生录取中所占比重不能太高，这是职业性原则从反面对学业水平考试作出的指导。招生标准的制定要遵循职业性的原则，表明在高等职业院校对考生素质的要求中文化素质的重要性不如职业技能，体现在招生考试中即高等职业院校录取中学业水平考试的重要性不如职业技能测试。

（二）统一性基础上的多样性

学业水平考试的执行既要遵循统一性的原则，也要遵循多样性的原则。学业水平考试的统一性主要体现为统一组织、统一命题和统一考试等。教育部于2014年出台的《国务院关于深化考试招生制度改革的实施意见》规定，学业水平考试由省级教育行政部门组织实施。因此，高等职业院校招生考试中的文化素质考试主要由各省、自治区、直辖市统一组织。此外，《国家中长期教育改革和发展规划纲要（2010—2020年）》也规定高等职业教育入学考试由省、自治区、直辖市组织。学业水平考试的多样性原则主要表现在考试内容和考试科目上。第一，学业水平考试的考试内容要保持多样性。学业水平考试要能够真正考查出考生的理论水平，必须提高其效度。办法之一是避免学业水平考试命题的重复性。重复的试题不仅降低了考试的效度，而且不利于提高其区分度。第二，学业水平考试设置的考试科目要多样。随着社会分工越来越细，高等职业院校的专业也就越来越多，相应地也就需要具备各种不同理论的新生。只有学业水平考试设置了各种各样不同的考试科目，高等职业院校才可以制定出不同的招生标准，满足专业对具备不同理论知识的新生的需要。

（三）适应性为主的原则

高等职业院校对生源理论知识的要求是"够用"。[①] 招生标准的职

---

① 魏文杰.论高职院校学生知识"够用"与"实用"的培养标准[J].教育与职业，2011（03）：186-187.

业性原则也表明在高等职业院校招生中学业水平考试的重要性低于职业技能测试，所以对学业水平考试竞争性的要求较低。在适应性与竞争性相统一的原则体系中，学业水平考试相较于竞争性原则，更强调适应性原则的指导。学业水平考试的适应性主要指它的制定既要满足高等职业院校对新生文化素质的要求，还要服务于高等职业院校招收新生。

二、学业水平考试的设计内容

笼统地讲，高考制度包括招生考试制度和招生录取制度。[①] 招生考试作为一个高校甄别生源的工具存在于教育大系统之中，高考制度是教育系统的一个子系统，每一种招生考试又是高考制度的一个组成部分。因此，对学业水平考试定位的研究应该以高等职业院校招生考试制度为背景，以符合高等职业院校招生考试制度改革的现实需要为前提，分析其性质、类型、级别和功能定位。

（一）学业水平考试的性质

在考试开发设计阶段，一般需要说明考试的性质，故首先对学业水平考试的性质进行定位。对于考试的性质，一般认为有两种：常模参照考试和标准参照考试。前者一般录取名额有限，考生关心自己排名多少，排名位置决定了考试成败甚至未来的生活走向；后者无名额限制，关注点是考生的水平是否达标，如驾照考试。

人们对常模参照和标准参照的认识经历了一个发展过程。为了选拔人才，西方人借鉴科举制，按照考生在团体中的相对位置进行择优，这就是最初的"常模参照"。后来由于常模参照不能知道考生的绝对能力，又设计了标准参照测量。在国内，从心理和教育教科书出现以来，常模参照和标准参照被认为是两种不同的参照系。后来不同的教科书对此给出了不同的解释。有些列出的是"常模参照分数"和"标准参照分数"，有些则列为"常模参照测验"和"标准参照测验"两类。

---

① 丁亚金.高等学校定位的系统视野 [J].绍兴文理学院学报，2006（11）：6-8.

北京语言大学的罗莲发表在《中国考试》上的《告别"标准参照测验"和"常模参照测验"的二元划分》对此作出了较为清晰、正确的阐述：常模参照和标准参照两者是从分数解释的意义上划分的，而不是两种不同的测验；两者之间并不是绝对的对立关系，不能说对某一测验分数只能进行常模参照的解释或只能做标准参照解释；对于一个测验，既可以常模参照方式报告分数，也可以标准参照方式报告分数，还可以同时以两种方式报告分数。[1] 因而并不存在学业水平考试的性质是常模参照考试还是标准参照考试这样的争论。学业水平考试仅是考试主体根据需要对考生的文化素质进行甄别、检测的工具。既可以对其作出常模参照解释，也可以对其作出标准参照解释，这完全取决于现实需要。

（二）学业水平考试的类型

根据测验目标的不同要求，可以将教育测验分为成就测验、能力测验和能力倾向测验三大类。[2] 成就测验主要反映个体在受教育过程中对知识和技能的掌握程度，而能力测验则旨在测量个体不会因外界环境的影响而轻易改变的、较稳定的、表现在认知方面的心理特质，比如观察力、记忆力、理解力、概括力、空间能力、判断推理能力等等。[3] 能力倾向测验亦称学习能力测验。它更强调预期性，目的在于测量学生的潜在学习能力及学术发展趋向。潜在能力是指个体从教育或训练中可能获益的能力。

高等职业院校培养的是具备一定理论知识的高级技术技能型人才，因而对于文化素质的要求较低。换句话说，它更注重考查个体在受教育过程中掌握具体知识和技能的程度。相对于考查学生潜在学习能力的能力倾向测验来说，高等职业院校招生中更需要检测学生对知识和技能掌握程度的成就测验或能力测验。因此，学业水平考试的类型定位于成就

① 罗莲.告别"标准参照测验"和"常模参照测验"的二元划分 [J].中国考试，2007（06）:18-22.

② 吴根洲.高考效度研究 [M].武汉：华中师范大学出版社，2008：168.

③ 张敏强.教育测量学 [M].北京：人民教育出版社，1998：24.

测验或能力测验。

（三）学业水平考试的级别

关于高等职业院校招生中学业水平考试的级别定位，虽然在各省文件的提法中没有直接规定它是国家考试或国家教育考试，还是分省设置的省级考试，但是有不少关于学业水平考试的线索。《国家中长期教育改革和发展规划纲要（2010—2020年）》规定，高等职业教育入学考试由各省、自治区、直辖市组织。那么学业水平考试作为高等职业教育招生考试的一部分自然属于省级考试，由省、自治区或直辖市组织。另外，2014年出台的《国务院关于深化考试招生制度改革的实施意见》规定，加快推进高等职业院校分类考试，高等职业院校考试招生与普通高校相对分开，实行"文化素质 + 职业技能"评价方式，普通高中毕业生文化素质成绩使用高中学业水平考试成绩。而教育部于2014年12月10日出台的《普通高中学业水平考试实施意见》规定学业水平考试是根据国家普通高中课程标准和教育考试规定，由省级教育行政部门组织实施的考试。因此，学业水平考试是由各省、自治区、直辖市组织的为高等职业院校招生服务的考试，属于省级教育考试。

（四）学业水平考试的功能

所谓功能是"系统与外部环境相互联系和相互作用时所表现出来的内在特性和能力，是系统自身固有的单方面能力"。[①] 系统的功能只有在系统与外部环境之间进行物质、信息和能量的交换过程中才能显示出来。

高等职业院校招生考试制度是对中等教育阶段的毕业生进行甄别、选择使其进入高等职业院校学习的制度，在中等教育和高等教育之间起衔接作用。学业水平考试作为招生考试制度，也是桥梁的一部分。因而学业水平考试与高等职业院校发展以及中等教育密切相关，是考试制度适应高等职业教育对合适新生需求的产物。因此，在与中等、高等教育密切互动的过程中，学业水平考试应运而生并得以发展，其内在功能都

---

① 赵文华．高等教育系统论 [M].桂林：广西师范大学出版社，2001：114.

有了独特属性。探讨学业水平考试的定位，其实质就是探讨学业水平考试在其功能方面选择不做什么，能做什么，特别是能做好什么，能好到什么程度的问题。学业水平考试主要有牵制教育目的、引导教育过程和评价教育结果等功能。[①] 第一个功能是针对学校教育考试来说的，学业水平考试的利害关系影响着学生学习的努力程度。这既有可能导致学生死记硬背，也有可能引导学生积极提升能力。第二个功能也是针对学校教育考试来讲的，学业水平考试的内容影响着学生学习的内容。如果将学业水平考试作为高等职业院校招生考试的一部分，那么这个功能则应表达为学业水平考试不能扰乱高中的教学秩序和素质教育的实施。

第三个功能才是作为高等职业院校招生考试之一的学业水平考试的应有之义。高等职业院校想要招收到合适的新生，需要有一把能够衡量学生的尺子，学业水平考试则是对生源文化素质进行衡量的那把尺子。因此，学业水平考试的功能主要定位于为高等职业院校招生提供关于考生文化素质水平的客观评价结果，亦是为高等职业院校选择合适生源服务。具体说来，学业水平考试应该提供高中课程开设的所有文化科目的不同等级与类别的考试供高等职业院校和考生选择。针对报考高等职业院校的普通高中毕业生来说，学业水平考试则需要开设包括语文、数学、英语、物理、化学、生物、政治、历史、地理等科目的考试。高等职业院校根据各专业对考生文化素质的要求，确定考试科目及考试成绩的具体使用方法。考生则在高等职业院校的要求和考试机构提供的服务之间作出选择。中职生报考高等职业院校参加的学业水平考试则要包括中等职业学校开设的语文、数学、英语、物理、化学、计算机应用基础、体育与健康等七门公共基础课。

---

① 丁秀涛，韩家勋，任涛. 高中学业水平考试改革及功能拓展刍议 [J]. 中国考试，2022（11）：59-66.

第二节　职业技能测试的设计

根据系统论的观点，世界上的任何事物都处于一个系统网络中，他们相互联系、相互制约。系统是一个有机整体，由系统各要素有机地结合在一起而形成。系统中的每个要素都处于特定的位置，发挥着相应的作用。高等职业院校的考试招生系统由招生考试和招生录取组成。如果说招生考试是高等职业院校考试招生系统的一个子系统的话，那么作为高等职业院校招生考试之一的职业技能测试则是招生考试子系统、高等职业院校考试招生系统的要素之一。高等职业院校考试招生整体系统功能的发挥以系统各要素的良好运转为前提。反之，如果系统整体功能的发挥出现问题，即表明系统中各要素出现了问题。高等职业院校要想招收到合适的新生，需要对作为高等职业院校考试招生系统的要素之一的职业技能测试进行合理的定位。

一、职业技能测试的设计依据

对职业技能测试进行科学定位，需要考虑定位应遵循的原则。虽然高等职业院校的招生标准包含了学业水平考试、职业技能测试和综合素质评价等要素，但是这不一定意味着每个要素都要遵循相同的原则。不同的问题需要有不同的原则来指导，或者说需要某些原则在原来的基础上更加具体。因此，职业技能测试定位需要遵循职业性、统一性基础上的多样性、适应性这三个原则。

第一，要体现职业性。职业技能测试是为高等职业院校选择生源而服务的，高等职业教育的性质决定了职业技能测试要遵循职业性的原则。高等职业教育不仅是高等教育的一个类型，还是职业教育的高等层次，这决定了高等职业教育的职业性。高等职业教育属于职业教育体系，其教育目标是培养出具备一定理论知识的高级技术技能型人才。职业性是划分高职教育与普通高等教育的类型边界，是高职教育存在的基础。[1]

---

[1]　姜大源.职业教育：类型与层次辨[J].中国职业技术教育，2008（01）：1，34.

高等职业教育与其他教育类型的根本不同，是其职业性属性。高等职业教育要想实现健康发展，保持自身的职业性特色是必要前提。职业性的教育自然也需要具有一定"职业性"的新生。相应地，对新生的入学考试也要具备"职业性"。基于高等职业教育的目标，选择具有相应职业技能的新生是其实现发展的重要保证。遵循职业性的职业技能测试则是实现高等职业教育使命的必要工具。

现实中多数报考高等职业院校的生源缺乏职业技能训练。如果能够发挥高等职业院校招生考试的"指挥棒"作用，赋予职业技能测试职业性特征，就可以引导想要进入高等职业院校学习的生源接受相应训练。我国高等职业院校实施的是高等职业教育，需要的是具备初级职业技能的新生。然而目前中、高职衔接中却出现严重的生源错位现象。具备初级职业技能的中职生进入高等职业院校的比例被严重限制，从未接触过职业技能训练的普通高中毕业生却成为高等职业院校的主流生源。即使中职生的限制被放开，他们的职业技能也没有被充分重视，没有得到较好的训练。这非常不利于我国高等职业教育的健康发展。遵循职业性原则的职业技能测试则可以帮助解决这一问题。众所周知，选拔性考试具有强大的"以考促学"的功能，[①] 基本是利害性考试考什么，学校就教什么，学生就学什么。如果职业技能测试遵循职业性原则，不仅可以引导高等职业院校相应生源学习职业技能，为他们就业做准备，也可以为高等职业院校准备具有初步职业技能的高水平生源，促进高等职业教育的健康发展。

第二，坚持统一性基础上的多样性。近年来，我国部分高等职业院校也开始对技能考核不断进行改革。目前高等职业院校技能考核初步呈现多元化的倾向。例如，技能考核形式已经从过去的单一试卷（应知）+ 单项操作（应会），开始向开卷、口试、操作考核、成果考核、观察考核，

---

① 刘海峰. 以考促学：高等教育考试的功能与影响 [J]. 厦门大学学报（哲学社会科学版），2002（02）：5-7.

还有设计、论文撰写、制作零件、计算机或网上考核等多元方式转变。[①]然而技能考试依然存在考核标准五花八门、缺乏统一标准的问题。目前的技能考核只是部分高等职业院校的闭门改革，各校的技能考核形式、名称、评价标准等随意性较大。国家或地方教育管理部门既没有明确的要求，也没有统一的规范。由于技能考核过于随意，其效度也难免大打折扣，并没有在高等职业院校考试招生过程中发挥出应有的作用。这些问题表明职业技能测试一定程度上要遵循统一性的原则，要由考试机构统一组织实施。然而统一性并不是职业技能测试需要遵循的唯一原则。高等职业院校不同专业的不同特点决定了职业技能测试还需遵循多样性的原则。高等职业院校专业众多，各个专业的要求更是多种多样。过于统一的职业技能测试也不利于对考生职业技能的考核。因此，职业技能测试要遵循统一性与多样性相结合的原则。在同一省份，高等职业院校的同一专业可以由省份多所高校联合制定职业技能测试。这样既可以保证职业技能测试的统一性，又可以保证其科学性。

第三，适当的竞争性。一定程度上，高等职业院校的发展取决于是否能够招收到合适的新生，这对高等职业院校尤其重要。而高等职业院校的招生又依赖于包括职业技能测试在内的招生工具。因此，制定出既能反映高等职业院校和专业对考生的要求，又能切合现实招生环境的职业技能测试是高等职业院校实现招生目标的关键。这要求职业技能测试应遵循适应性的要求，这也是高等职业教育内部发展规律在招生考试中的体现。在高等教育大众化阶段，我国高校的招生录取率节节攀升，高等职业院校尤其如此。普通本科院校的扩招使得本就处于招生批次末端的高等职业院校可选择的生源越来越少。部分高等职业院校的招生录取率接近 90%。现如今，虽然我国接受高等教育的需求与可供选择的教育机会之间的矛盾有所缓解，但是并没有完全得到解决。这使得我国仍

---

① 张焱. 高职技能考核多元化新模式与制度探究 [J]. 职业教育研究，2014（07）：156–158.

有部分高水平的高等职业院校和某些院校的王牌专业保持着较低的录取率，相应地也要求高等职业院校招生保持一定的竞争性。然而招生的竞争性是我国外部经济发展水平对高等职业教育的制约在高等职业院校招生上的体现，属于教育的外部规律。教育的外部规律要通过内部规律起作用，所以高等职业院校招生标准在适应性的基础上遵循竞争性。此外，对于高等职业院校来说，相较于文化素质，考生的职业技能更为重要，所以在保持一定淘汰率的情况下，应该使职业技能发挥较大的作用。综合而言，职业技能测试作为衡量高等职业院校生源的重要一环，其制定应遵循适应性基础上的竞争性原则。

二、职业技能测试的设计内容

职业技能测试作为高等职业院校招生考试之一，其合理定位有利于科学地衡量出生源的职业技能水平，实现高等职业院校对生源职业技能的要求。对职业技能测试的定位包括它属于什么级别的、由谁组织的、目的是什么、属于什么性质等。由此，对职业技能测试的定位将从性质、级别、组织、功能等方面进行。

（一）职业技能测试的性质

在提到文化素质考试的性质定位时已经论述得较为明白，考试仅是一种检测考生某项素质程度的工具。常模参照和标准参照两者是从分数解释的意义上划分的，而不是两种不同的测验。[1] 同理，职业技能测试也仅是一种用来检测考生职业技能素质的工具，不存在其他争论。虽然职业技能测试的结果是客观的，是唯一的，但是由于人们有不同的需要和目的，可以对结果进行符合某种用途的解释。对于一个测验，既可以常模参照方式报告分数，也可以标准参照方式报告分数，[2] 还可以同时

---

① 罗莲. 告别"标准参照测验"和"常模参照测验"的二元划分 [J]. 中国考试，2007（06）：18–22.

② 罗莲. 告别"标准参照测验"和"常模参照测验"的二元划分 [J]. 中国考试，2007（06）：18–22.

以两种方式报告分数。如果是为了比较考生的职业技能水平与标准的差距，以便考生可以知晓差距进而努力提高自己的水平，使自己离标准更近，则可以使用标准参照解释，将结果转化为标准参照分数；如果是为了与其他考生比较，关心自己排名多少，则可以使用常模参照解释，将分数转化为常模参照分数。

高等职业院校招生考试中的职业技能测试既能转化为标准参照分数，又能转化为常模参照分数。考试有指挥棒作用，职业技能测试同样也会对普通高中或中职学校学生的学习产生反拨作用。用标准参照解释职业技能测试的结果可以为高中学校及学生提供有关职业技能测试的信息，使得他们可以根据考试结果了解学生的真实水平。学生也会了解到自己的职业技能水平距离课程标准有多远，从而使自己的职业技能学习更有针对性。当然，职业技能测试的首要任务仍是测试考生未来从事生产、建设、服务、管理一线工作所必备的基本职业素质，[①]为高等职业院校提供关于考生职业技能水平方面的参照依据。对于高等职业院校来说，相较于标准参照分数，它更需要常模参照分数。因为高等职业院校的目标是从考生中选出更优秀的，所以相较于考生的绝对水平，它更需要考生的相对水平。毕竟在招生指标有限的情况下，高等职业院校只能招收更加优秀的学生。因此，职业技能测试的最终结果可以表示为常模参照分数和标准参照分数，既可以为高等职业院校招生服务，又可以引导高中教学。

（二）职业技能测试的级别

职业技能测试定位于省级教育考试较为合理，这是由主、客观两方面的情况决定的。主观上，政府的政策文件等就高等职业院校招生考试作出了规定。《国家中长期教育改革和发展规划纲要（2010—2020 年）》规定高等职业教育入学考试由省、自治区、直辖市组织实施。职业技能

---

① 袁潇，高松. 改革开放 40 年来高等职业教育考试招生制度改革探析 [J]. 复旦教育论坛，2019（01）：76–82.

测试作为高等职业院校招生考试中最重要的一项必然也是如此。客观上，通常一个省份的高等职业院校拥有的专业相似，具备组织职业技能测试的基础。高等职业院校的专业是以当地或该省的社会经济结构为基础的，而全国经济结构的划分基本以省为界线，所以只有同一个省份的高等职业院校才可能有相似的专业。加之单个高等职业院校组织职业技能测试成本太高，这从客观上决定了职业技能测试定位于省级较合适。

（三）职业技能测试的组织主体

虽然《国家中长期教育改革和发展规划纲要（2010—2020 年）》规定高等职业教育入学考试由各省、自治区、直辖市组织，但是职业技能测试作为专业性较强的考试，由政府部门组织显然不太合适。结合实际，对"由各省、自治区、直辖市组织"正确的解读应该是高等职业院校入学考试以省级为单位，由省级政府部门统一领导。由于政府部门并不擅长具体的职业技能方面的考试组织，所以职业技能测试的具体实施则应该由政府部门委托其他社会机构予以代理。高等职业院校是实施高等职业教育的专门机构，对于组织职业技能测试自然拥有较为丰富的经验。而且职业技能测试又是为高等职业院校招生服务的，其对于自己需要什么样的学生以及怎么样考试才能选出自己最需要的学生是非常了解的。因此，高等职业院校才是最适合、最擅长组织职业技能测试的机构。然而，高等职业院校的专业是多种多样的，同一所高等职业院校往往并不具备举行所有专业的职业技能测试的能力，即使可以也容易出现腐败的情况。因而拥有相似专业的几所高等职业院校联合举行该专业的职业技能测试才是最合适的方案。[①] 某几所高等职业院校联合举行职业技能测试，既可以使各专业的顶尖教师联合起来组织职业技能测试，提高其科学性，也可以避免过度统一造成的标准同化，是统一性与多样性相结合最好的体现。

---

① 袁潇，高松．改革开放 40 年来高等职业教育考试招生制度改革探析 [J]. 复旦教育论坛，2019（01）：76–82.

（四）职业技能测试的功能

作为高等职业院校招生考试中举足轻重的一部分，职业技能测试的目的是对报考高等职业院校考生的职业技能水平进行检测。自然地，职业技能测试的首要功能应该是帮助高等职业院校招收到具备较好职业技能的新生。由于高等职业院校培养的是高级技术技能型人才，所以职业技能是学生素质中非常重要的一部分。相应地，职业技能测试在高等职业院校招生录取中也应该占据较大的比重，等于或大于文化素质考试成绩所占比重。当然，这并不是说对于高等职业院校的新生来说，职业技能成绩比文化素质成绩更重要。高等职业教育的招生对象"必须具备两方面的基础：一是相当高中的文化基础，二是相应职业领域的技术基础"[①]，因此，文化素质和职业技能对于高等职业院校的学生来说都很重要。文化素质是高等职业院校学生发展的关键性因素，是学生发展之基础。职业技能则是学生在文化素质基础上的延伸，以及更深一步的学习。两者对于高等职业院校的学生来说都很重要。然而，对于高等职业院校招生来说，两者所占比重应该有所区别。虽然文化素质是高职生发展的基础，但是对于高等职业院校要培养高级技术技能型人才的教育目标来说，文化知识够用、达到一定程度即可。在文化知识够用的基础上，卓越的职业技能才是高等职业院校追求的目标，这体现在高等职业院校招生录取中，即职业技能测试所占比重不能小于文化素质考试的比重。

第三节　综合素质评价的设计

为了转变长期以来的唯分数论倾向、转变以考试成绩为唯一标准评价学生的做法，我国在综合素质评价实施以后，逐渐将其纳入高考招生体系，包括高等职业院校招生考试系统。例如，2014 年出台的《国务院关于深化考试招生制度改革的实施意见》明确规定，普通高中毕业

---

① 　郭扬．论高等职业教育的入学标准 [J]. 教育发展研究，1999（10）：73–75.

生报考高等职业院校参考综合素质评价。将综合素质评价纳入高等职业院校招生体系，不仅有利于引导高中教育，促进学生全面、健康、自由地发展，也有利于在高考中更加全面地考查学生，从而使高等职业院校招收到合适的新生。因此，有必要对综合素质评价进行合理定位，以便它能更好地发挥作用。

一、综合素质评价存在的问题

综合素质评价是新世纪我国基础教育课程改革的重要内容，是推动我国素质教育实施的重要一环。自从国家文件第一次提出"综合素质评价"的概念，到如今被纳入高考体系，综合素质评价经过了长期的探索实践，但是其实施情况在总体上并不尽如人意，还存在许多问题。

（一）认识不清的问题

学生综合素质评价究竟是什么，始终是人们存疑的问题之一。通过高考、学业水平考试可以衡量学术能力，通过"课程学习记录"来"报告"非学术能力。[①] 人们倾向于把综合素质等同于非学术能力，这显然是对综合素质评价的机械理解，是机械论、原子论的素质观。因为，所谓综合素质评价，顾名思义，理应是对学生的综合素质进行评价，而综合素质可以简单地分为学术能力和非学术能力两种。因此，将综合素质评价等同于非学术能力评价，这显然是一件难以令人信服的事情。还有人认为综合素质就是道德品质、公民素养、学习能力等不同种类"素质"的组合，每一种素质又被细分为若干"分目标"。综合素质评价就是以每一类"素质"及其"分目标"为"观测点"，建立"常模"，给出分数或等级。这种观点的依据是"人的全面发展理论"，素质教育就是"人的全面发展教育"。这显然是一种机械论、原子论的素质观，违背了素质教育的本质，是对马克思关于人的全面发展学说的僵化理解，是一种

---

① 崔允漷，柯政.关于普通高中学生综合素质评价研究 [J].全球教育展望，2010（09）：3-8+12.

误解。当前，许多地区的中考、高考即循此思路而行。[①]

（二）使用不当的问题

综合素质评价定位中存在的问题还体现在对其评价结果使用的规定上，尤其是在是否需要以及如何与高考挂钩的问题上存在困境。关于是否需要与高考挂钩的问题，多数学者的观点是肯定的，即认为综合素质评价应当与高考挂钩。不少地方的综合素质评价方案中也都有关于综合素质评价用于高校考试招生中的明文规定，多数学者还是认为高校招生录取应该参考综合素质评价。人们关注的焦点是综合素质评价结果如何为高校招生服务。研究也普遍认为综合素质评价应该和高校招生挂钩，但在如何挂钩、挂钩程度以及挂钩方式等问题上仍然存在不少分歧。绝大多数高校在录取学生时，综合素质评价几乎不起作用。因此，从各省招考机构在高考录取中对普通高中学生综合素质评价结果运用的现状看，目前综合素质评价纳入高考录取还处于探索阶段，综合素质评价的定位仍然十分模糊。

综合素质评价是新世纪基础教育课程改革尤其是新课改语境下中高考改革的重要内容，也是实现素质教育以及为高校选出合适生源的一个重要工具。[②] 作为学生升学和毕业的重要参考，综合素质评价能否找准自己的位置、扮演好自己的角色，不仅影响到素质教育的实现，更是直接关系到高等职业院校招生目标的实现。

二、综合素质评价的设计依据

第一，高等性与职业性。综合素质评价的高等性原则是相较于基础教育来讲的，强调作为高等职业院校招生标准之一的综合素质评价是为高等职业教育招生服务的。而高等教育与基础教育最大的区别在于其专业性、高深性、知识性。所以综合素质评价的评价内容既要真实地反

---

① 李雁冰. 论综合素质评价的本质 [J]. 教育发展研究，2011（24）: 58-64.

② 杨九诠. 综合素质评价的困境与出路 [J]. 华东师范大学学报（教育科学版），2013（02）: 36-41.

映学生在高中阶段的各种表现，还要记录那些可以反映学生是否适合接受更高深的专业教育的内容。这是从综合素质评价的使用者，即高校的角度提出的，反映了综合素质评价在高校招生中的工具价值。然而综合素质评价最主要的还是高中的教育评价制度，所以综合素质评价的高等性应该在不与引导高中实施素质教育的功能相冲突的前提下实现。

高等职业院校的专业是基于多样化的社会分工基础上设置的，反映了社会经济发展对各种类型的人才的需求。社会分工越细，高等职业院校中的专业就会越多，换言之，高等职业院校的专业多样化程度和社会上的职业的多样化程度大致协调。不同的专业需要招收不同素质结构的人才，专业种类越多，自然对人才种类的要求就越多。综合素质评价作为高等职业院校招生标准之一，在为高校招生，尤其是为专业种类众多的高等职业院校招生时尤其能够发挥其独特的价值。综合素质评价是对学生全面发展的状况的观察和记录，对学生各个方面的素质表现都有所记录，这正好与高等职业院校需要多种多样素质学生的需求不谋而合。因此，综合素质评价应该在现有理论框架的引导下，对学生的真实表现进行记录，使每个学生的综合素质评价都能够再现一个鲜活生动的高中生。这样才有利于综合素质评价发挥它的最大价值。

第二，统一性基础上的多样性。综合素质评价是对学生全面发展状况的观察、记录和分析，其评价内容包括思想品德、学业水平、身心健康、艺术素养和社会实践等方面。所谓全面，在量的意义上是防止片面，在质的意义上是避免畸形。[①] 所以全面发展要求高中教育阶段学生的发展是全面的，即每个方面都要有所发展，实现基本面的发展。因此，综合素质评价就需要遵循多样性的原则，对于学生的各个方面的表现都要有所要求、有所记录。由于高等职业院校招生考试中的综合素质评价是为专业教育选择新生服务的，所以也要遵循多样性的原则。高等职业院校实施的是专业教育，它需要的是具有某方面的特长或潜能，适合某个

---

① 吴根洲. 高考效度研究 [M]. 武汉：华中师范大学出版社，2008：200.

专业的新生。这就要求综合素质评价能够反映出学生的个性和差异。只有综合素质评价遵循多样性的原则，对于学生的各种"你无我有，你有我优"的表现予以真实记录，才能从综合素质上区分出学生，才能实现为高等职业院校招生服务的目标。

第三，适应性为主的原则。将综合素质评价纳入高考，不仅是为了促进综合素质评价自身的落实和发展，也不仅是为了促进考试招生制度改革和素质教育，更重要的目的在于促进学生的全面发展，尤其是卓越人才的发现与培养，更好地为国选才。[①] 所以适应性应该是综合素质评价遵循的重要原则。当然综合素质评价除此之外还有一个身份，就是高中学校的教育评价制度，亦是推动素质教育的重要工具。这一功能是综合素质评价的首要功能，是无可替代的。综合素质评价首先是为扭转我国基础教育阶段的应试教育局势，是实施素质教育的重要工具，是保障我国教育教学质量的教育评价制度；其次才是作为高校招生录取的依据之一。所以综合素质评价适应高等职业院校考试招生的需要应该以不与其首要功能相冲突为前提。虽然经过规范程序，建立牢固的诚信体系之后，综合素质评价成为高等职业院校招生的录取依据，即硬挂钩成为可能，但是由于其内容的主观性，其在高考中的应用范围将十分有限。经过规范，综合素质评价成为自主招生的录取依据是非常可行的，因为自主招生涉及的生源有限，工作量及由此带来的影响十分有限。虽然在近几年内,将综合素质评价用于我国所有高校和专业的招生中不太现实，但是在完善综合素质评价、提出更科学的评价方法之前，在部分对考生综合素质要求较高的专业进行尝试还是有必要的。自主招生便是实现综合素质评价与高考硬挂钩最好的试验场。

此外，笔者认为在统一高考中也可以如此使用，不过只限于部分对考生素质要求比较高的专业。高校拥有招生自主权，在自身招生力量

---

① 樊亚峤. 综合素质评价纳入高考录取的阻力与对策 [J]. 中国教育学刊，2016（06）：33-37.

有限、对综合素质评价的使用缺乏足够经验的情况下，可以挑选本校部分专业作为试点。这样一方面有利于提高高校的招生能力，为特色专业招收到合适的新生；另一方面院校根据自身实力确定综合素质评价的适用范围，也有利于防止出现大的问题。随着对综合素质评价使用能力的提高，高校可以逐渐增加使用综合素质评价的专业，最后实现对唯分数论的超越。当然，这一切也要以高校的招生自主权真正落实为前提。因此，目前来说，综合素质评价所发挥的淘汰作用还极其有限，其竞争性极不明显，外部对综合素质评价的压力较小，仍以适应性原则为主。

三、综合素质评价的设计内容

作为招生考试之一，综合素质评价与学业水平考试、职业技能测试组成高等职业院校招生考试系统。它们相互依赖、相互联系、相互制约，组成一个具有整体功能和综合性的统一体，共同为高等职业院校考试招生活动服务。每一种考试在高等职业院校招生考试谱系中都有属于自己的位置和需要扮演好的角色。综合素质评价的合理定位即依赖于找准其位置和明确其需要扮演的角色。

（一）综合素质评价的类型

高中学业水平考试是对高中生达到国家规定学习要求进行衡量的工具，是学生升学和毕业的重要依据。其侧重于对教育活动的成果作出鉴定，并将鉴定结果报告相关人员。[①] 因此，高等职业院校招生考试中的学业水平考试属于终结性评价，比较在意的是考试结果。它对于提高学生的文化课成绩、促进学校实施素质教育的帮助并不大。职业技能测试同样属于终结性评价，侧重于对学生职业技能的掌握结果进行检测、甄别，以用于高等职业院校招生录取工作。因此，职业技能测试也比较关注职业技能掌握的结果，而对于学生职业技能的学习过程则不甚在意。可见，职业技能测试仅是高等职业院校用来选择新生的依据，对于学生

---

① 王景英. 教育评价 [M]. 北京：中央广播电视大学出版社，2004：16.

自身的健康成长的作用有限。综合素质评价是一种表现性评价，注重对学生平时行为表现的评价。当前，绝大多数的学生评价都是结果评价。例如，普通高考和学业水平考试只关注学生最后取得的成绩。而表现性评价则强调学生的表现过程，评价学生的学习能力。我们不仅对学生在期末考试中的成绩进行评价，而且对学生在学期过程中每次期中考试、平时的小测验等进行评价。因此，表现性评价既是对学生学习过程的评价，又是对其结果的评价，是全面的评价。

素质教育把促进学生个性发展作为宗旨，它把教育作为社会的能动力量，而非工具。综合素质评价是实现我国素质教育的有力工具，自然地，应以促进人的个性发展为内在目的。综合素质评价允许学生选择自己喜欢的表现形式，展示自己的学习特长与独特性。它为每一个学生选择自己喜好的表现方式提供了空间。结果性评价或终结性评价则容易使人只关注最后的结果，而忽视学生在教育过程中的表现。这不仅会使综合素质评价同样沦为应试教育的"帮凶"，也不利于我国素质教育的实施。表现性评价则既重视学生表现的结果，也关注学生表现的过程，是一种对学生比较全面的评价，符合素质教育的价值取向。因此，把综合素质评价定位为表现性评价符合素质教育应有的评价理念，也有利于综合素质评价真正找准位置、扮演好角色，发挥其自身价值。

（二）综合素质评价的层次

这里的综合素质评价有双重身份，一方面它是高中阶段学校的教育评价制度，另一方面也是高等职业院校招生考试方式之一。作为一种教育评价制度，综合素质评价属于高中教育阶段的一部分。在我国不仅小学阶段有综合素质评价，中学阶段甚至大学都有综合素质评价。学校里的综合素质评价主要是对学生全面发展状况的观察、记录、分析，是发展和培养学生的重要制度，也是保证教育教学质量的重要手段。这里的综合素质评价则是属于高中阶段、保证高中学生全面发展的一项教育评价制度。作为考试方式之一，综合素质评价还被纳入学校考试招生体系，成为高等职业院校的招生录取依据之一。高等职业院校考试招生制度是为高校选择新生而设立的招生考试，是中等学校与高等职业院校之间的一种衔接方式。其中综合素质评价则是在高等职业院校招生中，对报考高等职业院校的考生的综合素质进行评价的一项制度。因此，本书的综合素质评价在我国教育阶段中属于高中教育层次的教育评价制度，在教育考试体系中属于高等职业院校招生考试方式之一。

（三）综合素质评价的功能

2014 年出台的《国务院关于深化考试招生制度改革的实施意见》规定，综合素质评价主要反映学生德智体美劳等全面发展情况，是学生毕业和升学的重要参考。《普通高中学生综合素质评价》也规定综合素质评价是推进素质教育的一项重要制度，为高校招生录取提供重要参考。可见，综合素质评价被赋予了两个功能：毕业和升学。[①] 在综合素质评价出现之前，高中生的毕业问题遭到了许多人的忽视。如何培养一名合格的高中毕业生也根本不在高中教育管理者的考虑范围之内。高考成为高中教育的唯一"指挥棒"，这种高利害性的考试使得高中教育滑入应试教育的"窠臼"，学生的全面发展成为高考的"牺牲品"。为了扭转应试教育的倾向，实施素质教育，我国构建了综合素质评价，并作为高中学生毕业的重要参考。综合素质评价是对学生全面发展状况的评价，是对高中应试教育的纠偏，一定程度上有利于促进素质教育目标的实现。综合素质评价发挥毕业功能时，学生的全面发展可理解为德智体美劳各方面的基本发展，可称为"基础性"。如果某一学生各方面素质均达到合格水平，那他就是全面发展，具备毕业的水平。

综合素质评价还有一个非常重要的功能，即作为升学的依据。自 1952 年以来，我国普通高校招收本科新生基本采取以高考成绩为唯一录取依据的招生考试制度。这样的高校招生考试制度过于注重考生学习成绩，忽视学生全面发展和个体差异。其对基础教育的导向作用使得高中陷入应试教育的怪圈，不利于我国素质教育的实施。为了改变"唯

① 董秀华,等.综合素质评价政策实践与功能定位反思 [J].教育发展研究,2019,39（17）：1-7.

分数论"的消极影响，我国开始将综合素质评价纳入高考体系，成为高校招生录取依据的一部分。[①]《国家中长期教育改革和发展规划纲要（2010—2020 年）》提出，"普通高等学校本科招生以统一入学考试为基本方式，结合学业水平考试和综合素质评价，择优录取"，希望借助综合素质评价打破以学科成绩为唯一依据的高考招生局面。综合素质评价的目的是促进学生的全面发展，但是在高等职业院校考试招生体系内，应该将其理解为有个性差异的发展。

（四）与其他考试方式的关系

综合素质评价是对学生全面发展状况的记录，包括思想品德、学业水平、身心健康、艺术素养和社会实践等方面。这是对学生各方面的素质比较全面的总结。如果学生这几方面都得到发展，不存在片面发展，甚至在基本面求得发展的前提下还有某几方面的特长比较突出，那么他就是一个合格的学生，也从侧面反映出素质教育获得了成效。然而，由于我国长期以来只注重应试教育，学生的学业水平得到了片面发展，其他方面则被偏废。学校里只安排文化课的学习，对于学生其他方面的发展则不管不问，这使得学生成为"单向度的人"。原因如下：一是我国长期以来"重学轻术"的传统，使得所有人都以读书、学习文化知识为荣；二是学业水平直接关系着我们的学习能力，而学习能力在我们各项素质中占据着非常重要的地位。如今，为了扭转应试教育的局面、弥补学生各项素质畸形发展的缺陷，国家才实施了对学生全面发展状况进行评价的制度。在高等职业院校招生考试中，高中学业水平考试是对学生文化知识、学业水平的考查，职业技能测试则是对学生操作技能的考查。将综合素质评价纳入高等职业院校招生考试中则是对前两种考试内容的补充，应实现学业水平考试与综合素质评价的互补融合。[②]

① 刘志军，徐彬 . 综合素质评价：破除"唯分数"评价的关键与路径 [J]. 教育研究，2020（02）：91–100.

② 池泽新，等 . 高等教育大众化背景下高校入学考核体系的选择与实践——江西省高考与高中学业水平考试和综合素质评价的融合初探 [J]. 职教论坛，2015（05）：75–79.

第四章 考试方式的具体实施

高等职业院校招生中各种考试方式的合理定位仅仅为高等职业院校招生目标的实现提供了理论上的可能性，招生目标能否真正实现则还要看招生中各个考试的具体实施情况。对于来自普通高中学校的考生来说，其文化素质考核可以使用高中学考的成绩，职业技能方面的素质则可使用职业适应性测验的成绩并参考综合素质评价；对于中等职业学校的考生来说，中职学考中的理论考试成绩可以作为对其文化素质考核的依据，专业技能课的考试成绩可以作为对其职业技能学习情况的检验并参考综合素质评价。本章主要分为学业水平考试的实施、职业技能测试的实施以及综合素质评价的实施三部分，对招生考试的具体实施及实施中遇到的比较关键的问题和解决方案进行论述。

第一节 学业水平考试的实施

具备相应的高中文化基础是高等职业院校对其合适生源的基本要求，也是高中生接受高层次教育的重要条件。自然地，高等职业院校在招生中也需要能够对考生的文化素质进行检测的考试工具。对于想要报考高等职业院校的普通高中生而言，将高中学业水平考试的科目成绩作为文化素质考试成绩是比较合适的；想要报考高等职业院校的中职生则可以将其学业水平考试中公共基础课和专业基础课的考试成绩作为文化素质考试的成绩。《国务院关于深化考试招生制度改革的实施意见》中关于加快推进高等职业院校分类考试的规定就是如此。

一、普高生使用高中学考成绩

高中学业水平考试是普通高中的教育评价制度之一，主要用于衡量学生达到国家规定学习要求的程度，可以发挥作为高中生毕业资格和升学依据的双重功能。[①]虽然国家规定报考高等职业院校的普通高中生，其文化素质考试成绩可以使用高中学考的成绩，并且也出台了《普通高中学业水平考试实施意见》。然而，现如今的高中学考还存在许多问题，并不能较好地满足高等职业院校的招生需要。要想使高中学考完美地发挥其对考生文化素质进行检测的功能，需要作出一定的改进。本部分主要从使用学考的必要性、高中学考的改进和实施、选考科目的选择等方面进行论述。

（一）使用学考的必要性

对普通高中生文化素质考试使用高中学考成绩的必要性，主要从两方面进行论述，一是现如今高等职业院校招生中文化素质考试存在问题；二是高中学考本身的进步之处；三是高中学考存在的问题。

第一，高等职业院校考试招生文化素质考试中语数外"统"得过多，各专业对文化素质的相应要求没有得到体现。高等职业学校招生考试方式主要有两种，一种是高等职业学校招生考试仅保留语文、数学、外语三门统考科目，另一种是采用三门统考科目与通用技术/信息技术的科目组合。从中可以看出，语文、数学、外语仍旧是高等职业学校招生的统考科目，在高考总分中占据较大比重。同样是语文、数学和外语科目，高等职业学校和普通高等学校的要求是存在根本区别的，应该针对各自的特殊需要单独命题。不仅如此，高等职业院校考试招生中文化素质科目并没有体现不同专业对考生文化理论知识要求的不同。高等职业院校

---

① 董秀华，等.综合素质评价政策实践与功能定位反思 [J].教育发展研究，2019（17）：1–7.

中不同的专业对不同学科理论知识的要求是不同的，不能一概而论。例如，电子信息类的专业对考生物理科目的考试成绩应有较高的要求，旅游类专业则应该对考生的历史、地理等科目的考试成绩有较高的要求。

第二，现如今的高中学业水平考试较之前的文化素质考试有许多进步之处。高中学业水平考试的设置打破了过去文理分科的考试格局，使得考试科目具有更多的选择性。[①] 以往统一高考只划分为文科和理科，这种简单、粗暴的文理二元划分根本不能满足高等职业院校各专业对考生理论知识的多样性要求。这不仅不利于高等职业教育专业人才的培养，也大大降低了高中生进一步深造的可能性。高中学业水平考试则不再文理分科，而是实行由考生从六门等级性考试中自由选择三门的做法，这样做不但增加了考生的选择性，而且也使得高等职业院校可以根据专业需要制定出科学、多元的科目要求。在考生的选择权和高等职业院校的录取标准制定权得到切实保障的时候，高等职业院校考试招生的适应性才有可能在考生选择的科目和高等职业院校要求的科目彼此博弈的情况下得到实现。

第三，合格考和等级考的设置偏离了改革初衷。在国家出台《普通高中学业水平考试实施意见》之后，各个省份也相继出台了高中学业水平考试的实施意见，然而各省的改革方案却在一定意义上流于形式，把高中学业水平考试分为两类：合格性考试和等级性考试，实际上等级性考试发挥了高考的职能，合格性考试还是发挥着过去会考的职能。[②] 国家将高中学业水平考试成绩纳入高校招生过程，其改革初衷是想把过程性考试结果纳入高校考试招生，以改变一考定终身的局面，分成合格考和等级考的做法则是对国家政策的误解。

① 孙春晓,纪德奎.新高考改革中高中学业水平考试的初衷与现实 [J].教学与管理,2018（06）：76-78.
② 王洪席、陈析.高中学业水平考试改革的成效、问题及改进 [J].教学与管理,2019（04）：76-79.

（二）高中学考的改进与实施

虽然高等职业院校招生考试中的文化素质成绩使用高中学考的成绩，较之过去有较大的进步，但是高中学业水平考试本身仍有许多的问题需要解决。本部分将从为高等职业院校招生服务的视角，分析高中学考仍然存在的问题以及如何改进与实施。

目前，各省出台的高中学考实施方案中都规定，语文、数学、外语等科目仅设合格性考试，政治、历史、地理、物理、化学和生物等六门考试分设合格性考试和等级性考试。对于那些想要报考高等职业院校的考生来说，他们仅有语文、数学和外语的合格性考试。如果他们想报考的高等职业院校专业需要语文、数学和外语的等级性成绩的话，则他们还需要再参加统一高考以拿到这三门考试的等级性成绩。对于想要进入高等职业院校的考生来说，通过高中学考对其文化素质进行检测是比较合适的。参加统考以得到语文、数学、外语等考试成绩，这样的做法不仅不科学合理，而且也增加了考生不必要的成本。为了保护考生在考试科目上的自由选择权，也为了高等职业院校根据专业需求决定科目组合的权利能够得到切实落实，高中学考按高中课程标准全科设考的做法是比较科学的。

除了高中学考需要全科设考以外，统一高考需要设置除通用技术、信息技术之外的 9 个文化科目。结合学考的考试内容和难度，高中学考适合作为应用型院校的录取依据以及实用型院校文化素质的考试工具。然而如果实用型院校的某些专业对考生的文化素质要求较高，学考的内容和难度不足以满足需要的话，考生则需要参加统一高考并取得相应科目的成绩。因此，除了高中学考之外，统一高考也需要对九门文化科目进行设考，作为研究型院校的入学考试。设置成两个考试是高考录取率持续升高的必然选择，因为大一统的考试难以满足多样化高等教育的招生需要，分类考试是解决这个问题的主要途径。[①]

高中学考不必分设合格性考试和等级性考试，设置成两种考试的现实基础已不复存在。国家政策将高中学考成绩纳入高校招生过程，其本意是把过程性考试结果纳入高招，使高中学考既发挥检测考生是否达到高中毕业要求的功能，又作为高校招生的录取依据之一。因此，高中学考本应是一个考试，有两个功能。分设水平考试与选拔考试的直接原因是 20 世纪 80、90 年代的高考的低录取率。目前，全国高考录取率已从 1990 年的 22% 上升到 2012 年的 74.86%，因此，高中学业水平考试（或高中毕业会考）已经具备了兼容水平考试与选拔考试的可行性与必要性，[②] 所以高中学考仅设置成一个考试即可。

高中学业水平考试，一方面要发挥高中教育教学质量评价的功能，其考试内容应该根据国家发布的普通高中课程方案和课程标准的规定及要求确定；命题应紧密联系社会实际与学生生活经验，在全面考核学生基础知识和基本技能的基础上，加强对能力的考查。另一方面高中学考还要作为应用型院校招生的录取依据，所以考试内容的设计还要增强基础性、综合性，着重考查学生独立思考和运用所学知识分析问题、解决问题的能力。因此，高中学考的考试内容应该在具备国家要求的高中毕业生应知、应会的重点内容的基础上，设计一定的考查学生独立思考和运用知识分析解决问题的能力的难点内容。

高中学业水平考试需要发挥毕业和升学的双重功能。相应地，它既需要对衡量高中生是否达到毕业资格具备较好的区分度，也需要对报考应用型院校和高等职业院校考生的文化素质具有较好的区分度。难度中等的题目区分度最好[③]，因此高中学考的题目的难度水平应该整体上

① 吴根洲 . 专业优先投档：启动高校考试招生制度改革的动力按钮 [J]. 江苏高教，2015（02）：75–78+85.
② 吴根洲 . 专业优先投档：启动高校考试招生制度改革的动力按钮 [J]. 江苏高教，2015（02）：75–78+85.
③ 吴根洲 . 高考效度研究 [M]. 武汉：华中师范大学出版社，2008：37.

接近于中等。然而,难度是由参与测量的被试群体的整体水平决定的。[①]
如果学生们不努力学习导致整体水平都很低,那么中等难度的考试要求
则是没有意义的；如果学生们都很努力,整体水平都特别高,那么就可
能导致一些实际上已经满足高中毕业要求的学生不能顺利毕业。所以整
个测验中各个题目难度的分布状况依赖于测验的性质和目的。高中学考
作为衡量高中生是否合格的检测工具,其考试难度首先要服从于高中课
程标准。在此基础上,高中学考各类题目难度的分布状况要尽可能地对
报考应用型院校和实用型院校的考生的文化素质具有较好的区分度,即
对于这部分考生而言,题目难度整体上接近于中等。

当然也有不少研究者认为高中学考不需要具备毕业的功能,因为
高中生只要拿到足够的学分就已经满足毕业要求了。这种说法只具备理
论上的合理性,却不存在现实中的可行性。高中教育阶段学校的教育考
试作为衡量学生是否可以拿到相应学分的考试,需要以足够的科学性和
公平性为前提。且不说命题是否科学,在缺乏诚信制度保障的情况下,
高中学校考试成绩的可信度将会遭受巨大的质疑。因此,在高中课程考
试缺乏制度保障的前提下,高中学考应当兼顾衡量学生是否合格的功能。
只有当高中学分具备科学性和公平性的时候,高中学考才可以摆脱只作
为毕业标准的功能,仅发挥作为升学标准的功能。

(三)选考科目的选择

考生和高校虽然因为高中取消文理分科而增加了选择性,但是他
们也要面临选考的问题。高中生应该在包括语文、数学、外语、政治、
历史、地理、物理、化学和生物的九门学考中选择几门作为自己的选考
科目呢？基于两个理由,高中生在九门科目中选考六门是比较合理的。
第一,不论是之前的语文、数学、外语加文综或理综的"3+ 文 / 理综",
还是现在的语文、数学、外语加上三门选考科目的"3+3",高考总分都
包含六门科目。这不仅表明六门科目的总分对考生有着较好的区分度,

---

① 吴根洲 . 高考效度研究 [M]. 武汉 : 华中师范大学出版社 ,2008 : 37.

也说明六门科目基本可以满足高校专业对考生的科目要求。第二，高中学考的考试内容和考试难度既可以不同科目成绩组合鉴别考生是否能够升入应用型院校（研究型院校之外的本科院校）的相应专业，也能够鉴别考生是否达到实用型院校招生的文化素质要求。因此，高中生选考科目的数量不仅要满足实用型院校对考生文化素质的基本要求，也要满足应用型院校各个专业对报考考生的科目要求。[①] 现实中，多数高等职业院校各个专业对考生文化考试成绩的要求可能没有六门那么多，但是对于那些学习成绩既可能报考一些一般的应用型院校，也可能报考一些比较好的高等职业院校的学生来说，选考六门科目则是为其提供了多种选择：既可以用六门科目的成绩报考应用型院校，也可以根据高等职业院校的要求只用其中几门科目的成绩报考高等职业院校。

对于大多数文、理倾向都非常明显的考生来说，跟以往相比没有什么差别。然而对于那些六科平均发展、都很好，或者六科都不怎么样，或者1科不错、其他几科不怎么样的考生，就可能不知道怎么选择才能体现他们的相对优势。针对此问题有必要制定一些简单的测试以帮助高中生作出适合自己的选择。第一，选择志趣明确的。有的学生对自己未来的发展方向非常明确，对报考的专业也已有详细的了解，那么首先应选择最符合自己志趣的科目。即使目前这些科目的成绩未必很好，但是人是发展中的人，要用动态的眼光去看待。第二，选择科目倾向明显的。在文、理二分之时，十分自然地选择了文科或理科的那些学生，在自由选考时仍然能够十分容易地作出选择。这些属于文、理倾向十分明显的学生，选考对他们来说没有什么变化。还有一些偏科十分明显的学生，虽然普通高中属于基础教育，强调全面发展，但是在各科都合格的前提下，出现一定的强势学科也是值得肯定的。可以说，相比较于以前必须在文综和理综中选择一种的旧高考，新高考给予考生更多选择，一定程

---

① 赵雪，孙子秀，宋宝和 . 高中学业水平考试选考科目成绩使用的远景规划及当前策略 [J]. 当代教育科学，2019（04）：85–88+93.

度上是鼓励"适当偏科"的。① 因此，对于偏科的学生，首先选择自己最擅长的科目，既有利于发挥特长，也有利于以后个人事业的发展。第三，各科成绩都一般者则选最"适用"的。对于那些各科成绩都比较一般的学生，则可以选择高校比较看重的科目，比如物理、化学等科目，以便以后选择高校时有更大的选择余地。

高等职业院校也需要针对不同的专业发展要求制定相应的招生录取标准，对选考科目作出要求。提出自己的招生录取标准对各院系的发展既是一个机遇也是一个挑战，这需要各个院系对各学科专业的发展进行更深层次的审思。②

二、中职生使用中职学考成绩

在高等职业院校招生过程中，不仅普通高中生文化素质考试存在"统"得过多的问题，中职生的文化课考试也以语文、数学和外语为主，不能反映各专业对考生理论知识的特殊要求。中等职业学校学业水平考试是衡量中职学生是否达到国家规定学习要求的重要评价手段，其评价结果是学校对学生综合素质评价的重要组成部分，能够客观反映中等职业学校学生的文化素养，正好可以作为中职生报考高等职业院校的文化素质考试依据。这里主要从使用中职学考的缘由、中职学考的实施以及相应的配套措施等三方面展开论述。

（一）使用中职学考的缘由

中职生在高等职业院校招生考试中使用学考成绩作为文化素质的评价依据，原因主要包括两方面：一是中职生文化素质考试使用语文、数学和外语的成绩作为依据存在巨大的问题；二是如今学考作为对中职生文化素质考核的工具具有较大的合理之处。

第一，高等职业院校招生中，中职生文化素质考试的定位不符合

① 刘宝剑. 高中生选择高考科目的因素分析与务实策略 [J]. 教育理论与实践，2015（32）：15–17.

② 吴根洲. 高考效度研究 [M]. 武汉：华中师范大学出版社，2008：198.

统一性和多样性相结合、适应性为主的原则。高等职业教育作为高等教育的一种类型，本质上也是一种专业教育。不同专业对考生的素质结构的要求是不同的，具体体现在高等职业院校不同专业对考生的文化理论知识有不同的要求。而高等职业院校统考中所有专业的文化课都使用语文、数学和外语的成绩作为依据，明显与招生标准中统一性与多样性相结合的原则不符，体现的全是"统"的因素，考生的选择权名存实亡，高等职业院校制定招生标准的权利也名不副实。这种做法不仅不利于高等职业院校选择到合适的生源，而且也会使高等职业院校的生源趋于同质化，不利于高等职业教育的高质量发展。

第二，中职学考中对考生公共基础课和专业基础课的考核体现了专业特色。学业水平测试包括公共基础、专业基础、专业技能三个部分。其中公共基础课和专业基础课是对中职生高中学习的文化理论知识的考核。我国中等职业教育以就业为导向，其专业是依据职业群或岗位群而进行设置的。各专业的基础课程整合成为一门"专业基础课程综合"进行测试，有多少个不同的专业就有多少门不同的专业基础课程综合。因而，中职学考中不同专业的考生参加属于自己专业的专业基础课考试，可以满足高等职业院校不同专业对考生理论知识要求不同的要求。在高等职业院校招生中，中职生可以将学考中的专业基础课考试成绩作为自己文化素质的凭据，符合高等职业院校各个专业对考生理论知识的要求，也体现了高等职业教育的职业性特征。

（二）中职学考的实施

1. 考试科目

中等职业学校的专业、课程数量众多。教育部《中等职业学校专业目录（2010 版）》显示，目前我国中等职业学校设置有 19 个专业大类，共含 321 个不同专业。[①]如果每个专业平均有 3—4 门主要专业基础课程，

---

① 谢革新，曹琼. 发挥中职学业水平测试功能需关注三个问题 [J]. 江苏教育，2016（24）：37.

321 个不同专业的主要专业基础课程总数规模巨大，再加上 5 门公共基础课，从理论上讲，目前中等职业学校需要实施学考的课程总数将超过一千门。[①] 即使各专业的基础课程合成为一门"专业基础课程综合"进行测试，也仍然有几十门课程要进行考试。相比于普通高中学考的考试科目，中职学考的考试科目更多。由于中职的考试科目较多，容易给考试的管理和组织带来混乱，"威胁"考试的科学性。为了科学、高效地完成中职的学考，可以由省级行政部门统一组织中等职业教育领域各个专业的专家对中职学考的专业基础课程进行整合，避免某些相近的科目重复考试，造成不必要的浪费。除了重复的课程，中职学考可以对中等职业学校的所有课程设置考试，以达到既对中职生毕业资格进行检测，又实现对参加高等职业院校招生的中职生进行文化素质考核的目的。

2. 考试内容

中等职业教育的目标是培养具有综合职业能力的一线高素质劳动者和技能型人才。[②] 职业性和技能性是中等职业教育的显著特点，中职学考应该围绕这一特点展开，依据课程标准要求对中职生的基础理论知识进行考核，着重考查学生运用理论知识分析问题、解决问题的能力。中职学考中对中职生文化素质进行考核的包括公共基础课测试和专业基础课测试。

《教育部关于制定中等职业学校教学计划的原则意见》（教职成〔2009〕2 号）规定，德育课，语文、数学、外语（英语等）、计算机应用基础课，体育与健康课，艺术（或音乐、美术）课列为必修课，学生应达到国家规定的基本要求。在中职学考中将德育、语文、数学、外语、计算机应用基础 5 门课程作为公共基础测试课程。对于高等职业院校来说，生源的职业技能固然非常重要，但是也不能忽视其文化理论知识。

---

① 谢革新，曹琼. 江苏省职教数学课程学业水平考试实施分析与建议 [J]. 职业技术教育，2016（17）：48–51.

② 申瑞杰. 江苏省中等职业学校学业水平测试的构建 [J]. 教育与职业，2015（11）：113–115.

我们不能仅仅为了生源的数量而忽视生源的质量。因此，我们必须不断调整考试内容，让考试内容更加符合中等职业院校考生的特点，同时也让考试内容能够引导学生不断学习。[①]

3.考试难度

相当部分中等职业学校不设入学门槛，生源质量参差不齐，这是不争的事实。[②]生源质量差不仅体现在文化基础课程入学成绩参差不齐，而且在不同地区、学校和专业上也都存在较大差异。中职学生文化知识基础差并非一日之寒，仅仅通过中等职业院校两年左右的学习，就使绝大多数高中生顺利通过学考的可能性并不大。如果为了使大多数中职生能够顺利通过学考而大大降低学考的难度，则学考将完全丧失其存在的意义。作为职业教育的高级层次，高等职业教育虽然重视学生职业技能的训练和掌握，但是也不能忽视学生文化理论知识的学习。文化理论知识是为职业技能学习服务的。在高等职业院校中，那些面向就业的学生，其职业技能的训练提高必须建立在扎实的理论基础之上。没有足够的文化理论知识做储备，学生的职业技能再强，到最后还是会耗尽的。[③]此外，对于那些想要转入应用型院校或者想要考取专业硕士研究生等继续深造的学生来说，掌握扎实，甚至有些深度的文化理论知识则显得更加必要。因此，一方面，中职学考中公共基础课和专业基础课的考试难度首先要服从于中等职业教育的课程标准，在此基础上设置的学考才能够发挥出其毕业的功能，才有实际意义；另一方面，中职学考的考试难度也要能够满足那些因想要继续深造而对文化理论知识有较高要求的学生的需要。

（三）配套措施

1.修订课程标准

中等职业学校的学考规模，不仅在数量上远超过普通高中学业水平考试，而且政出多门，缺乏一个权威、刚性的标准。这使得中等职业学校通过学考监督教学质量的目的难以实现。此外，中等职业学校的公共基础课长期存在着个体间、专业间、学校间和地区间的不平衡性，这不仅导致中职教学质量差异极大，而且也给中职学考的命题实施带来许多难题。学业水平考试是标准参照考试，参照标准就是课程标准。[①] 学考要设计两个标准：一是描述考生达到的、与课程标准相一致的表现水平标准；二是与课程内容相一致的内容标准水平。然而，目前我国的课程标准却并没有体现出这方面的信息，所以如今的学业水平考试并没有可靠的参照标准。没有合适参照标准的学业水平考试将如"无源之水，无根之木"，不仅不能科学地发挥它的功能，而且其存在的价值也将受到质疑。制定科学的高中课程标准需要多方面人员的参与，不仅需要课程专家、教育研究人员的参与，更要学科专家和教育心理测量专家的参与。只有多元化的力量共同参与，并对国家整个教育体系进行深入研究，统筹规划，才能制定出高质量的课程标准，进而为学考的实施提供可靠的依据。

2.委托第三方评价机构组织学考

第三方评价机构一般具有独立性、公正性、权威性、专业性的特点，委托第三方评价机构组织中等职业学校的学考可以提高学考的公信力及社会认可度。[②] 首先，中职学考是一项庞大的工程，其组织实施需要较大的人力、物力和财力。由专门的考试机构进行中职学考可以有效降低考试成本，提高施考的效率。其次，中职学考需要组织的考试不仅科目

---

① 雷新勇，周群 . 从基于标准的基础教育改革的视角审视课程标准和学业水平考试 [J]. 考试研究，2009（01）：46-56.

② 申瑞杰 . 江苏省中等职业学校学业水平测试的构建 [J]. 教育与职业，2015（11）：113-115.

数量十分庞大，而且其命题质量的保证也需要依靠专业人员来进行。最后，中职学考不仅有检测中职生是否达到毕业要求的功能，而且其在高等职业院校招生中也能发挥作用。由独立的第三方评价机构来组织实施则可以使考试成绩具有较好的效度。

第二节　职业技能测试的实施

职业技能测试是对考生技术操作能力的检测，是高等职业院校招生标准中区别于普通高等院校的重要体现。它是否能够对考生的职业技能进行科学的检测，真实反映出考生技能操作方面的能力，直接关系到高等职业院校能否招收到合适的生源。对于从未接触过职业技能培训的普通高中生来说，可以进行职业适应性测验，将测试成绩作为其进入高等职业院校的重要依据。我国的中职生在学校期间有接受职业技能培训的经历，在高等职业院校入学考试中一般也有技能考试，但是技能考试并没有发挥其应有的作用。对于中职生来说，各省统一组织职业技能测试是较好的做法。

一、普高生职业适应性测试

《国务院关于深化考试招生制度改革的实施意见》对高等职业院校考试招生作出了规定，普通高中毕业生报考高等职业院校，参加职业适应性测试。对未进行过职业技能学习的普通高中毕业生进行职业适应性测试不仅有政策上的支持，现实中也具备实施的必要性和可行性。本部分将从普通高中生职业适应性测试实施的必要性、内涵与功能、具体实施等展开。

（一）实施职业适应性测试的必要性

与普通高等学校不同，高等职业院校的办学目的在于培养出具有高水平的技术技能型人才，发挥为社会经济发展服务的功能。倘若在人才培养"入口处"，即考试招生环节就招收到具有一定职业技能的新生，那么高等职业院校培养出高质量技术技能型人才的可能性就会更大，技术技能型人才的水平也会更高。这就使得是否具备相应的职业技能，成为高等职业院校在考试招生过程中将要对考生进行着重考查的一项素质。然而，长期以来，我国中等学校与高等职业学校衔接过程中出现的生源"错位"现象使得许多中职生升学"无门"，而没有一点职业技能的普高生却可以凭借统一高考的成绩进入高等职业院校学习。这不仅不利于普高生和中职生各自的健康发展，也使得我国高等职业院校面临着一个较低的人才培养"起点"，不利于高等职业教育的高质量发展。当然，并不是说高等职业院校只有招收到高素质的新生，才能培养出高质量的技术技能人才，而是说较高的生源质量，可以为高等职业院校人才培养活动提供一个较好的起点。解决此问题的关键就是要在高等职业院校的招生入口做好对普高生的职业技能测试，将符合高等职业院校招生要求的生源选择出来，实现考生素质结构和高等职业院校培养要求的匹配。这不仅有利于学生的个人发展，也会使得高等职业院校人才培养建立在一个较高的"起点"之上。然而，普通高中生在学校自始至终都没有接受过相应的职业技能培训，对其进行职业技能测试显然不可能。因此，不同于中职生的职业技能测试，普高生职业技能测试的意义在于促进个体了解自己的潜能，预测个人未来的发展方向，帮助个体选择适合的职业。[①] 所以对于普高生来说，进行职业适应性测试，将职业适应性测试成绩作为进入高等职业院校的依据是一个不错的选择。

（二）职业适应性测试的内涵与功能

普高生参加职业适应性测验，主要目的在于认识自我，了解自己的职业潜能，了解职业类型，为职业选择提供依据。从这个意义上来讲，职业适应性测验也可以称为职业性向测验。

---

① 宋剑祥. 中外职业能力测评工具的分析与选择 [J]. 昆明冶金高等专科学校学报，2014（06）：17-24.

1. 职业适应性测试的内涵

职业是人们利用个人的专门知识和技能，参与创造物质与精神财富的社会分工，并获取合理报酬，满足自身物质生活和精神需求的具有一定特征的社会工作类别。[①] 职业的类型有很多，不同的职业，其内容以及对人的要求也不相同。从职业活动的角度来说，性向是个性心理特征与职业活动匹配的适合性。国外在职业性向研究方面收效巨大，并产生了一系列的理论。波士顿大学教授塔尔科特·帕森斯（Frank Parsons）于 1909 年提出"人职匹配"理论，也称特质因素理论，认为每一个人都有自己独特的人格模式，每一种人格模式都有其相适应的职业类型。美国约翰斯·霍普金斯大学的约翰·霍兰德（John L.Holland）于 20 世纪 50 年代在西格蒙德·弗洛伊德（Sigmund Freud）人格理论的基础上提出 RIASEC 理论。他认为不同的个体要素对应不同的职业类型，理想的职业选择是使人格类型与职业类型相互协调和匹配。只有人格类型同职业的类型相匹配，劳动者的才能与潜力才能完全地发挥出来。职业性向越相关，任职适应度越高；职业性向相对立，工作起来则难以适应，甚至感到痛苦。职业性向的基本要素主要包括职业价值观、职业兴趣、职业人格和职业能力等。后来研究者根据职业性向理论陆续编制了一系列职业性向测验，以帮助被测试人找到人格与职业环境相匹配的职业方向。

2. 职业适应性测试的功能

鉴于传统的人员招聘成本越来越高，职业性向测验在人力资源管理中得到了广泛的应用。招聘经理们将职业性向测验作为帮助自己鉴定人才的更为科学的方法。职业性向测验具有以下五种功能：

一是分类的功能，包括甄选、安置、筛选和认证；二是诊断和处置的功能；三是自知功能；四是计划评鉴的功能；五是研究的功能。[②] 在

[①] 宋剑祥，曾娴. 职业性向理论与基本要素探析 [J]. 北京财贸职业学院学报，2013（03）：15–19.

[②] 袁良栋，咸桂彩. 职业性向测试在职业选择、甄选及安置中的效用研究 [J]. 职教论坛，2012（36）：76–79.

人力资源管理中职业性向测验有两个常用的模型：甄选模型和安置模型。

高等职业院校招生中的职业性向测验主要功能有两个方面。一方面可以帮助考生了解自己的职业性向，从而有利于考生明确今后的学习方向。对于那些以就业为目的、想要报考高等职业院校的考生来说，他们进行职业性向测验，不仅可以根据测验结果得出关于自己专业发展方向的指导参数，帮助明确职业目标，进行初步的职业生涯规划，而且可以有针对性地计划自己以后的学习生活，尽早地为自己以后的职业学习打下基础。另一方面是作为考生报考高等职业院校或高等职业院校招收录取学生的依据。想要报考高等职业院校的考生需要提供自己在职业性向测验中的表现，以向高等职业院校提供有关自己兴趣、价值观、个性等方面的信息；高等职业院校各专业则需要根据这些考生的职业性向成绩择优录用。高等职业院校之所以选用职业性向测验作为录取依据是基于一个假设，即职业性向测验可以预测考生进入高等职业院校以后成功完成高等职业院校学业的可能性。

（三）职业适应性测试的实施

职业适应性测试的实施不仅需要测试机构提供包括多种职业适应性测验的测验体系，而且也需要高等职业院校各个专业在其招生标准中明确提出有关考生职业适应性测验的成绩要求。只有在测试机构提供了系统的测验体系以及高等职业院校详细公布了相关要求之后，考生才可以有条不紊地自由选择测验。由于职业适应性测试不仅种类十分丰富，而且其对施测的要求也比较高，所以需要专门的测试机构进行这项工作。一方面，要做好测试前的准备工作。测验过程中的无关因素有可能干扰到测验结果的稳定性和准确性，所以要尽可能排除干扰。具体包括测验情境应保持一致，准确使用指导语，记录和计时要准确等。另一方面心理测验要实现标准化。心理测量工具都带有测验手册，其中包括解释测验编制的理论、测验适用范围、标准化的实施程序等。因此，在职业适应性测验实施过程中，一定要认真按照手册的规定进行。

对于高等职业院校来说，需要做的主要有两点。第一，明确测评内容。职业性向包括诸多要素,例如职业价值观、兴趣、人格和能力等。借助包括职业价值观、兴趣、人格和能力等在内的职业性向要素测试,可以客观、准确地反映出个体的差异以及人才的真正价值,使内隐的职业性向"显性化",从而达到认识和了解的目的。[①] 职业价值观可预测考生"想干什么";职业兴趣在人的职业活动中起着重要作用,预测个人"喜欢干什么";职业人格反映着个人的综合素质,能预测考生"可以干什么";职业能力则反映考生的知识结构和技能水平,可以预测考生"擅长干什么"。高等职业院校各个专业则根据专业发展要求对测试哪一种职业性向作出规定。第二,选择测评工具。高等职业院校专业设置以社会上的职业群为依据,种类十分丰富。兴趣方面的测评工具有李逢玉(2005)面向高中生编制的《高中学生职业兴趣调查问卷》,张厚粲、冯伯麟和袁坤(2004)编制的适合我国中学生的职业兴趣测试量表——《升学与就业指导测验》等;能力测验方面的工具如我国的《一般行政能力倾向测验》《多项能力倾向成套测验》等。不同专业的培养目标不同,其对理想生源的要求也不同。高等职业院校各个专业要从选择符合本专业要求生源的角度出发,选择能够实现测评目的的测评工具。这样的测评才具有较好的信度和效度,才具备一定的科学性。另外,职业适应性测验在普高生的素质结构中占据十分重要的地位,所以其还要有合适的难度,以发挥区分考生的作用。

二、中职生职业技能考试

在中职生升入高等职业院校的过程中,高等职业院校组织的入学考试虽然也有技能考试内容,但是多流于形式,并没有真正发挥作用。为了实现高等职业院校的招生目标,各省有必要面向中职生组织统一的职业技能考试。这不仅有利于高等职业院校招生,也有利于引导我国中职生认真学习职业技能,实现中、高职的顺利衔接。将中职学考打造成

[①] 王信琳.心理测验在人才选择中的应用价值[J].探求,2002(06):52-53.

为省级性的考试，并将其中的专业技能测试结果作为中职生报考高等职业院校的职业技能成绩，显得十分必要。

（一）职业技能考试的实施背景

我国的职业高中学校、中等专科学校和技工学校虽然都有关于职业技能训练的学习内容，但是由于"重学轻术"等观念的影响，他们不重视对职业技能的学习。不少学生虽然就读的是职业高中，但是他们学习的仍然主要是文化理论知识，并没有升入高等职业院校学习的打算，反而以参加普通高考为目标。在中专学校里也有许多学生不重视职业技能的学习，反而花费大量时间准备"专升本"考试，以求能够通过考试升入普通本科院校。这不仅不利于中职生职业技能的提升，也会对我国高等职业教育的健康发展造成不利影响。虽然高等职业院校面向中职生组织的对口单招中有技能考试部分，但是由于人数少、高校缺乏经验以及不重视等，技能考试中存在诸多问题，并没有发挥出它应有的作用。

技能考试的内容并不能满足高等职业院校对新生职业技能的要求。许多高等职业院校在招收中职生时，往往将技能考试设计为计算机综合学业能力测试等内容。[①] 其考试类别十分单一，根本不能满足高等职业院校各专业对考生职业技能的要求。比如，2016年上海杉达学院在中等职业学校应届毕业生招生简章中规定，专业技能课考试科目包括英语听力或计算机综合学业能力测试、面试。然而，其招生专业却有英语、翻译、日语、西班牙语、电子商务、计算机科学与技术、机电一体化技术、船舶工程技术、电气自动化技术、智能控制技术和集装箱运输管理等。

显然，技能课考试的类别数量完全不能满足其专业招生考试的需求。虽然英语听力和计算机综合学业能力测试可以分别满足语言类专业和电子商务以及计算机科学与技术专业的要求，但是单单依靠面试来为机电一体化技术等专业招生显然是不科学的。由于考生人数众多，每个

---

① 袁潇，高松.改革开放40年来高等职业教育考试招生制度改革探析[J].复旦教育论坛，2019（01）：76-82.

考生的面试时间又相当有限。考官在相当短的时间内对考生进行全面的考查，根据考生的回答对考生的表现进行评价。这些考试内容对于考生的语言表达能力等有着较好的考查效果，但是对于那些专业的职业技能则并非如此。高等职业院校招生专业多强调对职业技能的掌握，而面试恰恰不具备操作这个环节，并不能较好地鉴别出考生的职业技能。因此，在技能考试中，面试仅对个别专业有较好的效度，而对于需要技能操作的专业来说则并非好的考试工具。

湖北省面向中职生实行的技能高考对组织统一职业技能考试有着较大的借鉴意义。长期以来，我国高等职业院校招生中虽然组织了一些技能考试，但是由于存在诸多问题，并没有能够真正为高等职业院校招生发挥作用。高等职业院校实施的是高等职业教育，其对考生的要求最重要的就是职业技能，然而却从未有一个能够对这些重要素质进行科学检测的考试工具。湖北省的技能高考，其特色之一即在于首次引进现场操作考试，根据高等职业院校招生专业的不同，操作考试的内容也不同。① 技能高考充分体现了职业教育的招考特点，能够为高等职业院校招收到合适的生源。这里构建的面向中职生的统一职业技能考试可以从技能高考对操作技能的考试中借鉴相应经验。

（二）职业技能考试的内容和形式

实施统一的职业技能考试，要有统一的考试标准，并使之逐步标准化、规范化，统一尺度。这里主要对中职学考中专业技能考试的考试内容、考试形式以及考试难度等进行论述。

1.考试内容

技能考试处于中职学测的中心位置，也是中职学测的突出特征。② 专业技能考试按专业类别进行，具体内容为教育部《教学标准》及各省

① 刘欣，冯典钰.职业教育"技能高考"政策的执行力分析——以湖北省为例 [J].教育研究与实验，2015（03）：63-67.

② 申瑞杰.江苏省中等职业学校学业水平测试的构建 [M].教育与职业，2015（11）：113-115.

规定的各专业应掌握的基本操作技能。技能考试按照中职教学标准可以划分为 17 个大类专业，分别组织测试。例如浙江省将高校招生职业技能考试分为 01 机械类、02 计算机类、03 文秘类、04 化工（环保）类、05 药学类、06 建筑类、07 烹饪类、08 旅游服务类、09 服装类、10 财会类、11 电子与电工类、12 商业类、13 外贸类、14 医学护理类、15 农艺类、16 艺术类和 17 其他类。技能考试的测试重点在于专业基本技能，突出考查考生分析、解决实际问题的能力和专业的技能操作能力。

中职生接受了系统的职业教育，他们在学校学习过完整的职业技能课程，具备初级的职业技能。相应地，在面向中职生组织的统一职业技能考试中，其考试内容自然应当实现与高等职业院校的职业技能学习内容的紧密衔接。当然，职业技能考试内容与高等职业院校学习内容的衔接是以中、高职课程内容的衔接为前提的。只有中等职业学校与高等职业院校在专业设置、课程内容等方面都实现紧密衔接时，中职生才能学习到与高等职业院校课程内容完全衔接的内容，也才能构建出符合中职生实际水平的职业技能考试，将中职生较好地区分出来。

面向中职生的职业技能考试，其命题构念也应该更符合高等职业院校的要求。因为在职业教育体系中，虽然允许中职生转入普通高等教育体系学习，但是毕竟中职生升入高等职业院校才是主流，而且中职生既具备一定的理论知识，又具有较好的职业技能，是高等职业院校最合适的生源。此外，这里的职业技能考试所发挥的最重要的功能也在于为高等职业院校招收到合适的生源服务，所以它较大程度上属于入学考试。因此，职业技能的考试命题应该更贴近高等职业院校的要求。

2. 考试形式

效度始终是对一定的测量目的而言的。[1] 这一命题对职教高考的科目划分与试卷的分级分类提出了要求。高等职业院校中需要利用职业技能考试为自己招生服务的专业有许多，各专业的测量目的又各不相同，

---

[1] 胡中锋，李方. 教育测量与评价 [M]. 广州：广东高等教育出版社，1999：41.

所以需要制定适合于不同专业、不同类别的职业技能考试。浙江省实施的面向中职生的职业技能考试即如此。浙江省将职业技能考试分为17个大类，全省统一组织，分点实施。因此，各省的职业技能考试也要根据本省高等职业院校开设专业的情况将职业技能考试分为几个类别进行。此外，中等职业教育包括普通中专、职业中专、职业高中、成人中专、技工学校等多种形式，学生来源比较复杂，文化水平参差不齐，专业类别较多，课程标准及技能要求不一。[①]这就使得中职学考中的专业技能测试要根据学生及其专业的特点采取不同的考试形式。例如，机械类的则要采用现场操作的方式，文秘类的则可以采取笔试＋面试的方式等。

3. 考试难度

与学业水平考试中的文化理论知识考试一样，中职学考中的专业技能测试，其难度同样要兼顾中职课程标准以及对考生进行区分的双重功能。一方面，中职学考是否合格关系着考生是否达到中等职业教育的毕业要求，所以专业技能考试的难度要服从于课程标准；另一方面，专业技能考试也是对报考高等职业院校考生的职业技能进行区分的工具，所以其难度也应当与报考考生的水平相适应。专业技能考试命题的难度则要在满足两个要求的基础上审慎地进行处理。

（三）职业技能考试的实施

面向中职生的职业技能考试应该由各省、自治区、直辖市组织，但是由于职业技能考试是比较专业的考试，需要具备一定职业技能知识的专业人士组织实施。高等职业院校是实施高等职业教育的机构，以培养技术技能型人才为目标，具备较多的专业实践方面的教师，由他们组织职业技能测试再合适不过。由于高等职业院校内部的专业众多，单个院校组织所有专业的职业技能考试显然很难，所以由某省具有相似专业的高等职业院校联合组织某个专业的职业技能考试较为合适。由部分高等

---

① 申瑞杰. 江苏省中等职业学校学业水平测试的构建 [J]. 教育与职业，2015（11）：113–115.

职业院校联合举办某个专业的职业技能测试，可以使本专业的顶级教师联合起来，为职业技能考试的科学性提供保证。

职业技能测试不仅有理论考试，也有现场操作考试。现场操作考试虽然可以考察到考生的操作水平，但是由于考试方式的不同以及缺乏经验，对其进行评价仍有较多困难。现场操作考试由教师现场评分，这无疑增加了考试结果的主观性，容易使结果受到人为因素的干扰。因此，合理选择施考人员和设计科学的评分标准就显得非常重要。现场操作评分工作对施考人员提出了更高的要求，需要施考人员具备基础的监考知识和相应的职业技能。高等职业院校的专业教师和企业里的高级技术员等是比较合适的评分人员，他们的专业能力可以帮助他们更好地履行评分的职责。每个考室的施考人员必须根据制定的考试规定进行配备。考点还应配备相应数量的工作人员，协助评分人员做好室外的服务工作。标准化的评分程序有助于保证准确地评分，分数的准确性对效度有着至关重要的影响。"主观题最大的缺点是需要评分教师根据其对评分标准的理解进行评分，而评分教师对评分标准的理解又不可能完全一致，这样就增大了主观题的评分误差，降低了主观题测量结果的信度。"① 对现场操作进行评分同样如此，其结果受主观性影响较大。为了更加准确地测量出结果，必须制定尽可能详细且易于操作的评分细则。

招考过程应该建立起相关的监督体系，健全的规章制度可以使职业技能考试工作有章可循，避免执行政策法规的随意性，保证招考工作的规范化、制度化和程序化。为了使评分人员在评分中做到公平客观，各省可以指导成立职业教育社会考试监督机构。这个部门的监督人员应该是多元化的，既要包括企业里的高级技术人员，也要包括学校教师、学生和家长等。同时最好制定具体的监督实施细则，以便监督人员有"法"可依。

---

① 吴根洲. 高考效度研究 [M]. 武汉：华中师范大学出版社，2008：172.

第三节 综合素质评价的实施

综合素质评价能反映学生全面发展的情况和个性特长，在高等职业院校考试招生中可以发挥非常重要的作用。将综合素质评价纳入高等职业院校考试招生，理论上可以使高等职业院校对考生有一个更加全面的了解，有利于帮助高校提高预测考生在大学表现的成功概率。然而，在现实中，我国综合素质评价由于实施时间不长，应用中仍存在较多的问题。例如，由于综合素质评价内容多为主观性内容，而使评价易出现可操作性差、可信度不高、区分度太差等问题。为了使高等职业院校考试招生体系更加系统、完整，这里将基于为高等职业院校招生服务的角度，从评价思路、遵循原则、评价内容以及实施过程等方面对综合素质评价的实施进行论述。

一、评价思路

目前，我国综合素质评价多采用分解式评价思路，将学生综合素质考查内容分解为知识点逐个进行考查，然后再对评价结果进行合成，形成最终评价结果。这种评价观是机械的评价观，是对人的素质的误读。学科考试是对过去学习成就的评价，可用"多少"来衡量，评价结果可以累加。而综合素质则不同，不同观测点的评价结果是不能累加的。目前的综合素质评价指标体系是一种"大而全"的指标体系，其设置目的在于促进学生的全面发展。[①]"全面性"是对综合素质评价中"综合"二字的体现，但是也并不等于要对学生的方方面面进行评价。综合素质评价的真正作用应该解读为"促进学生全面而有个性地发展"。因此，对于综合素质的评价应该遵循"基础性"和"差异性"的思路。

一方面，综合素质评价应按照"基础性"的思路进行评价，倾向于"基础性发展目标"，以基本过关为要求，主要发挥学生毕业的参考依据的

---

① 樊亚峤.综合素质评价纳入高考录取的阻力与对策 [J]. 中国教育学刊，2016（06）：33–37，53.

功能。高中对学生的综合素质进行评价,目的在于促进学生的全面发展。目前将综合素质评价像学科考试一样分解为知识点逐个进行考查,然后形成最终评价结果,可以说发挥的就是此项功能。这项功能指向群体,倾向于标准性,强调效度的同时也强调信度。因为标准相对统一,所以适合大规模评价。政策中规定的基础性发展目标的维度及其指标在这一项功能中基本能够得到满足。

然而,人的全面发展并不等于"面面俱到",也不等于"平均发展"。张楚廷教授曾对全面发展理论做了精彩的分析:全面发展的全面并不意味着方方面面,不意味着面面俱到,更不意味着什么都会一点,什么都平平淡淡,平平庸庸。全面发展是发展全面,并非同一时刻的方方面面齐头并进,而是人时刻在发展着走向全面。[①] 目前的综合素质评价则将全面发展理解为同一时刻的平均发展,显得过于死板。虽然全面发展在某一特定时刻可能表现为某特点内容的发展,但是全面发展并非同一时刻的齐头并进。

此外,人是发展变化中的人,人可以随时向相对全面的方向前进,力求全面地得到发展。因此,从共时性看,人时刻处在相对片面的状态,但是从历时性看,人时刻在发展着走向全面。全面发展理论应用在综合素质评价上,应该从学生的基本素质发展的角度出发,基本素质是一个人所应具备的保底性素质,其作用在于确保一个人是合格的,但它不是一个人所应具备的所有素质。[②] "基础性"部分可以由现行的"思想品德""学业水平""身心健康""艺术素养""社会实践"等方面组成。这几个方面可以用来体现最低限度的发展指标,强调综合素质评价的"基本面"。对于一个合格的高中毕业生来说,上述几方面缺一不可。学业水平考试没有达到合格,不符合毕业要求,属于片面发展,就不具备毕业的资格;一个学生如果道德败坏,自然就不是一个全面发展的人,也

① 张楚廷. 全面发展的九要义 [J]. 高等教育研究,2006(10):1-6.
② 罗祖兵. 突出个性:普通高中综合素质评价的应然价值取向 [J]. 中国教育学刊,2015(09):16-20.

不是一个合格的高中生；身心健康是学生不断发展、继续提高的前提，如果身体素质太差也属于片面发展，综合素质不符合基本要求。这几个方面"是所有人在某个领域内都需达到的基本技能"。

另一方面，综合素质评价应按照"差异性"的思路进行评价，指向个体，更倾向基础性发展目标的"发展"，注重个性和潜质。人是社会关系的总和，而且每个人有不同的先天素质，这都是作为个体的人所无法左右的，人的发展只能在此基础上进行发展，而不能超越它。[①]因此，全面发展体现于个性发展，全面发展具体到每个人身上而表现出来的时候便是个性发展，那是每个人的全面发展，并非一模一样的全面发展。

综合素质评价强调"基础性"原则，因为"基础性"原则为学生的人格健全提供保障，是人之为人最基本的要求。然而，在此基础上，对于人的发展来说，更为重要的是全面基础上的个性发展。因为个性是人与人相区别最重要的依据。失去了个性，人与人将会变得同质化，使得社会的发展缺少活力。现如今实行的综合素质评价依然是只关注"全面"而忽视"个性"。按照观测点对学生进行逐项赋分，根本不能够发现学生与众不同的个性特质，也不利于在综合素质方面对学生进行区分。

对学生个性的评价应该是全面评价基础上为促进学生发展进一步进行的评价。它不是根据评价体系对学生每个方面进行相应的评价，而应该是"以人为本"，学生具备哪些优势，就评价哪些方面；学生不具备优势的地方，就不用去评价。[②]个性评价并非依据事前的框架对学生进行赋分，而是依据学生的优势素质建构评价内容与标准，以突出学生个性方面的内容。综合素质评价除了毕业的功能之外，还有作为高等职业院校招生录取依据的作用。如果说"基础性"评价思路满足了高中作

---

① 吴根洲 . 高考效度研究 [M]. 武汉：华中师范大学出版社，2008：199.

② 罗祖兵 . 突出个性：普通高中综合素质评价的应然价值取向 [J]. 中国教育学刊，2015（09）：16-20.

为基础教育最后一个阶段对学生合格的要求的话，那么"差异性"评价思路则是满足高等职业教育作为专业教育对考生个性方面的要求。高等职业教育作为专业教育，其各个专业的健康发展依赖于能否招收到合适的生源。而综合素质评价对学生个性发展方面进行评价则可以作为专业与学生互相选择的依据，有利于实现专业和学生的高度匹配，促进高校和学生的健康发展。

二、实践遵循

综合素质评价是对学生德智体美全面发展及个性特长情况的综合评价。为了破解我国高考中长期以来的唯分数论局面，综合素质评价自诞生之日起就被赋予了伟大的使命，即为高等职业院校招生提供对考生比较全面的评价依据。理想固然美好，是否能够成为现实则依赖于实施的情况。现实中，综合素质评价要想真正发挥应有的价值，实施过程中需要遵循一系列的原则。

第一，客观性原则。综合素质评价的实施之所以要遵循客观性的原则，其原因有两条：一是综合素质评价的高利害性；二是评价内容的主观性。人们对我国高等教育资源，尤其是优质高等教育资源的渴望使得高考的任何变化都拨动着民众的神经，综合素质评价作为高等职业院校招生录取的参考依据更是引起了大家的高度关注。利用金钱、权力等影响综合素质评价结果的事情也时有发生。因此，综合素质评价中对学生表现的记录一定要排除人情关系、金钱等外在势力的干扰，客观地记录。做到以事实为依据，对学生成长过程中的表现进行记录。此外，综合素质评价中主观性内容比较多，对这些内容进行简单的评判容易存在较大误差，也会出现腐败、不公等现象。因此，综合素质评价最好的做法就是遵循客观记录的原则。对学生在学校的主要经历和典型事例进行事实性记录和写实性描述，这样不管是高中学校还是高等职业院校，都可以根据综合素质评价中的客观记录做出判断。

第二，特色化原则。虽然综合素质评价对学生的评价既强调全面又重视个性，但是对于高等职业院校招生来说，更重要的还是要体现考生的特色。综合素质评价强调特色化原则既是学生全面而有个性发展的内在需要，也是高等职业院校作为实施专业教育的机构对其理想生源的要求。一方面，个人有许多需要，爱好、志趣、需要、才能等等，都是具体的实际的个性。[1] 基本面的发展是对人的最低要求，人的个体价值更多地体现在个性发展上。对于发展的人来说，个性的发展较之人的基本素质的发展更有意义。因为个性是人与人区别的标志，是人与人不同的独特内在价值的外在表现。因此，学生的综合素质评价，应该注意筛选学生那些"人无我有，人有我优"、体现学生个性和潜质的典型事例。另一方面，高等职业院校实施的是专业教育，培养的是专门人才。在为高等职业院校各专业挑选合适生源的任务上，高等职业院校关注的主要是与专业要求符合的学生的个性潜质。例如学生在职业素养、职业技能等方面的表现，学生制作过什么工艺品等事例。因此，综合素质评价强调特色化原则符合高等职业院校的利益诉求。

第三，公平性原则。综合素质评价加入高等职业院校招生录取中成为重要一环，其本意是提高高等职业院校选择学生的科学性。然而如果缺乏完善的程序和有效的监督，综合素质评价也有可能成为个别人为自己攫取利益的工具。高中生综合素质评价能否达到公正、平等，是它有效纳入高等职业院校考试招生体系的关键性前提。[2] 综合素质评价的公平性需要依赖规范化的评定程序、严密的审核制度以及信誉等级等制度的保障。综合素质评价是一系列工作的集合，需要建立完善的程序。否则，综合素质评价将陷入十分混乱的局面，且不能保证评价的科学、合理。由于填写的内容具有较强的主观性，所以需要有其他人的监督。例如在学生填写完毕以后由老师或者同学等互相审核，以对学生进行制约，防止随意编造现象的出现。

[1] 张楚廷 . 全面发展的九要义 [J]. 高等教育研究，2006（10）：1-6.
[2] 周先进、张睦楚 . 高考改革 : 高中生综合素质评价的"可为"与"难为"[J]. 全球教育展望，2014（07）：101-111.

三、评价内容

普通高中生和三校生都要进行综合素质评价，且都要将其作为高等职业院校招生的重要依据，为高等职业院校评价学生提供服务，但是两者评价的内容却并非完全一样。毕竟，普通高中生和三校生接受的是两种不同类型的教育，相应的评价内容自然也应有所区别。除此之外，高等职业院校招生录取时也并非会使用到综合素质评价的所有内容。综合素质评价既有对学生基本素质比较全面的评价，也有许多体现学生个性和潜质的内容。

一方面，普高生和三校生的评价内容有所区别。理论上普高生和中职生接受的是两种不同的教育，评价内容自然不同。普通高中生在高中阶段接受的是中等普通教育，属于普通教育的一个层次；中职生在中职学校接受的则是中等职业教育，属于职业教育的层次之一。学校的培养目标不同，学生学习的内容不同，学生所表现出来的特质自然也不同。现实中评价内容也确实不同。以上海市出台的普高生和中职生的综合素质评价内容为例进行比较。上海市中等职业学校和普通高中学生综合素质评价内容中有三项内容相同，包括品德发展与公民素养、修习课程与学业成绩、身心健康与艺术素养。这三项相同的评价内容基本代表了中等职业教育和中等普通教育对学生要求方面的共性部分，是中等教育对学生共同的要求。第四项内容则不同：中等职业学校综合素质评价中的第四项内容是专业技能与职业素养；而普通高中学生综合素质评价的第四项内容则是创新精神与实践能力。这第四项内容则完全体现了两种不同教育类型的区别所在，是两个综合素质评价中的精华所在。中等职业学校的专业技能与职业素养主要反映学生在职业素养方面的表现以及专业技能操作方面的学习成就，体现了中等职业学校的专业特色，是中职生与普高生的根本区别所在。普通高中学生综合素质评价中的创新精神与实践能力主要反映学生在研究性活动以及实践活动方面的能力，体现了普通高中十分看重的学生素质。

另一方面，高等职业院校可以只关注与其人才培养目标有关的内容。从高等职业院校考试招生的角度来看，并非所有的内容都与高等职业院校及其专业对考生的素质要求有关，所以高等职业院校在考试招生中仅需要关注那些能够预测考生在高等职业院校专业学习中取得成功可能性的内容。[①]

首先，品德发展与公民素养不会是高等职业院校在招生中看重的主要评价内容。学生在品德方面的发展情况，包括爱国、诚实、仁爱、守法等内容，应该是高中学校关注的内容，因为这是一个合格的高中生所必备的素质，是对学生最低限度的要求。而高等职业院校作为实施专业教育的机构，其更关注的是与其专业有关的素质。因为这些素质关系到考生进入高等职业院校后能否成功完成学业、顺利毕业。

其次，高等职业院校可能会对修习课程与学业成绩中的某方面进行考查。中职生学业水平考试是为了对中职生的学业成绩进行考察，并成为中职生文化素质考核的依据。高等职业院校可能会参考普通高中学生的修习课程与学业成绩。因为普高生可能会选修一些职业技术类的拓展型课程，这些课程可以使普高生提前接受一定的职业教育，培养普高生的职业素养。高等职业院校选择这样的考生有利于提高高职生完成学业的概率，有利于高等职业院校的长远发展。

再次，身心健康与艺术素养主要反映学生的体质健康状况与心理素质，是全面发展对学生的基本要求，更多地体现高中学校的要求，高等职业院校对此则没有更高要求。

最后，中职生的专业技能与职业素养和普高生的创新精神与实践能力则是高等职业院校在招生中重点关注的评价内容。高等职业院校以培养高级技术技能型人才为目标，其对具备较好专业技能和职业素养的考生自然"青睐有加"。毕竟，从入口处就招收到合适的生源，对于高等职业院校后续教学工作的开展以及人才培养目标的实现都极为有利。

---

① 蔡敏. 高中学生综合素质评价：现状、问题与对策 [J]. 教育科学，2011（01）：67-71.

在普高生综合素质评价中，关于创新精神与实践能力的部分中有关于学生动手操作能力和实践体验的经历，能够将有过科技发明的学生筛选出来。这些方面的素质也是高等职业院校比较看重的，因为这些素质与高等职业院校各专业对考生的要求相符合。因此，从为高等职业院校招生服务的角度看，普高生综合素质评价中的创新精神与实践能力和中职生综合素质评价中的专业技能与职业素养会是高等职业院校各专业招生时重点考查的内容。

四、实施过程

综合素质评价作为对考生多方面素质进行评价的工具，其结果是否真实有效，直接关系到自身功能的发挥和价值的彰显。虽然之前已对综合素质评价的评价思路、评价原则以及评价内容等进行了论述，但是如果不对其具体实施过程作出详细规定，仍有可能成为"食之无味，弃之可惜"的"鸡肋"。

第一步，客观记录。对于综合素质评价来说，第一步也是最重要的一步，就是客观记录。教师要在每学期的期末指导学生在成长记录册上记录下自己比较典型的活动事迹。记录的内容要能够反映学生的各个方面，包括参与的公益活动、党团活动、社会实践，获得的荣誉，课程的修习情况以及违纪违规情况等。除了记录事例之外，最重要的就是要保存事实材料等一切能够证明自己所记录的全部属实的证据。要做好记录工作至少需要两点：一是学生的证据意识；二是社会诚信制度的建设。不像学校考试成绩一样那么统一、客观，学生综合素质方面的表现多为不易量化的内容。诸如"关爱集体""具有创新精神"，尤其是"优秀""良好"等等，不是学生身上可以直接观测的确定的特征，而是评价者基于各自的观察角度、价值立场、追求及标准的主观判断。[1] 这就对评价提出了更高的要求，需要学生具备证据意识，平时注意保存能够证明自己

---

① 张会杰. 基于纪实的实施逻辑：学生综合素质评价政策的特征分析及思考 [J]. 考试研究，2015（04）：3-8.

表现的材料。另一方面，只有社会诚信制度建立起来，学生提供的证据才有可信的依据，综合素质评价也才有科学性可言。

第二步，整理公示。由于综合素质评价的高利害性，学生难免会尽可能多地记录下自己在学期的各种表现。这样会使得综合素质评价内容比较杂乱，不利于对学生进行评价。此外，综合素质评价记录的事例过多反而会掩盖学生比较有闪光点的表现，与差异性的评价思路相违背。综合素质评价结果的呈现，重点在于呈现学生的特长。[①] 因此，学生在记录完事例之后，还要在教师的指导下整理、遴选出具有代表性的活动记录和比较典型的事实材料。这既符合综合素质评价实施的初衷，也有利于学生在高等职业院校考试招生中的差异化竞争。学期末对自己的表现进行记录是学生的权利，但是在利益的驱使下也有可能出现滥用权力的情况，因此，还需要对学生记录自己的表现进行监督制约。在整理完事例及材料之后要由学校统一在学校显著位置进行公示以接受各方面的监督。

第三步，形成档案。公示无异议后，则可以由学生、班主任和校长签字后进行存档。综合素质纪实报告成为学生档案中非常重要的内容之一。至此，使用综合素质评价结果之前的纪实工作已完成，接下来就是使用问题。综合素质评价的使用可以遵循"谁使用、谁评价"的原则。高中对综合素质评价的使用至少可以从两方面进行：一方面，高中教师可以根据纪实材料引导学生发现自我，明确努力方向；另一方面，可以用来衡量学生能否毕业。对毕业的衡量则主要运用"基础性"评价思路，以基本过关为要求，主要对学生是否达到学校最低要求进行评价。高等职业院校对综合素质评价的使用则主要是基于"差异性"。高等职业院校对综合素质评价的使用主要是根据学校办学特色和专业培养要求，组织教师对综合素质评价中与招生标准相关的内容进行研究分析。为了保

---

① 罗祖兵. 突出个性：普通高中综合素质评价的应然价值取向 [J]. 中国教育学刊，2015（09）：16-20.

证评价的科学性，可以由专业教授组成的学科专家小组采取集体评议的方式对综合素质评价中能够反映学生完成相关专业学习要求的潜力的内容进行客观评价，作为招生录取决策的参考。

第五章　招生录取的决策机制

在参加完高等职业院校的各种招生考试、具备各种考试成绩之后，考生才进入高等职业院校的招生录取决策环节。招生录取的关键在于高等职业院校如何根据考生提供的各种证明考生素质的材料，筛选出那些具备较好地完成高等职业院校学业任务、成为合格甚至优秀毕业生潜力的考生。高等职业院校能否作出科学的有利于自身长远发展的决策取决于三个方面：一是考试成绩的呈现方式是否科学合理，是否有利于高等职业院校作出科学决策；二是高等职业院校的综合评价机制是否符合科学性的原则；三是相应的配套措施是否能够及时地建立、完善。

第一节　成绩呈现方式

虽然已经选择出合适的考试工具、构建了较为科学、合理的招生考试体系，但是成绩如何呈现仍然是事关考试能否真正发挥价值的关键。普通高考中只使用原始分数的做法是相当不科学的。分数只是一个非常笼统的概念，无法帮助学生和老师了解他自己。[①] 许多人认为高考原始总分是最公平和可信的人才选拔标准。可事实上，现代测量理论已经从

① 臧铁军，杨君. 新高考中学业水平考试成绩转换研究 [J]. 教育研究，2017（12）：68-75.

理论上解释了原始分数的重大缺陷或错误。分数解释的科学性与考试效度也是密切相关的。因此，考试成绩应该以最科学的方式呈现出来，以提高考试的效度。

一、学业水平考试的成绩呈现方式

高中学业水平考试有两项功能，一是衡量学生是否达到国家规定学习要求的程度，二是作为高等职业院校招生录取的依据。前一项功能的实现需要对学生的考试分数进行标准参照解释，以检测考生达到高中学习课程标准的程度；后一项功能的实现则有赖于对考试分数进行常模参照解释，以在报考的考生之间进行比较，为高等职业院校选出更优秀的生源。因此，高中学业水平考试的成绩至少需要有两种呈现方式。国务院于2014年12月10日在出台的《普通高中学业水平考试实施意见》中对学业水平考试的成绩呈现方式进行了规定：考试成绩以"等级"或"合格、不合格"呈现。①

计入高校招生录取总成绩的学业水平考试的3个科目以等级呈现，其他科目一般以"合格、不合格"呈现。其中，"合格、不合格"的呈现形式则是考试成绩实现毕业功能的最好形式，即这些考试科目只要达到合格水平即可。由于其余科目是高等职业院校对报考考生进行衡量的依据，所以以"等级"的形式呈现选考科目能够方便高校比较考生的成绩，是较为合适的做法。

然而，上海市和浙江省在实施高中学业水平考试时却误读了国务院文件的意思，将学业水平考试分为了两个考试。上海市在《上海市普通高中学业水平考试实施办法》中将语文、数学、外语、信息科技、体育与健身、劳动技术和艺术七门设置为合格性考试，思想政治、历史、地理、物理、化学和生物分设合格性考试和等级性考试。浙江省将高中所有科

---

① 中华人民共和国教育部. 教育部关于普通高中学业水平考试的实施意见 [EB/OL]. http://www.moe.gov.cn/srcsite/A06/s3732/201808/t20180807_344610.html?from=timeline&isappinstalled=0.

目分为学考科目和选考科目。语文、数学、外语、思想政治、历史、地理、物理、化学、生物、技术、体育与健康、美术、音乐设置为学考科目，采用等级制呈现；思想政治、历史、地理、物理、化学、生物又设置了为选考科目，也按等级制呈现，但比学考等级更多。2014 年高考改革将学业水平考试纳入高校招生过程，这个政策的本意是把过程性考试结果纳入高招，目的就是要改变一考定终身的现状，但是各省的改革方案在一定意义上却流于形式。把高中学业水平考试分为两类：合格性考试和等级考试，实际上等级性考试发挥了高考的职能，合格性考试还是发挥着过去会考的职能。[①] 因此，分设合格性考试和等级性考试并没有实现改革的目标。分设水平考试与选拔考试的直接原因是 20 世纪 80、90 年代高考的低录取率。目前，全国高考录取率已从 1990 年的 22% 上升到 2012 年的 74.86%，因此，高中学业水平考试已经具备了兼容水平考试与选拔考试的可行性与必要性。学业水平考试中非选考科目应该以"合格、不合格"呈现，选考科目应以"等级"呈现。当然，选考科目的等级呈现是以满足合格要求为前提的。如果不合格是不能赋予等级的。

选考科目以等级形式呈现既是对我国高考录取中"分分必争"风气的纠正，也是正确使用考试分数的要求。[②] 以往，我国高等学校招生录取中基本使用原始分数，且以总分为录取依据。这样容易使得考生们将全部精力花费在提高考试分数上，而忽视其他方面的发展，不利于全面发展目标的实现。此外，考试分数只是在某一次测验中对考生在某方面表现的估计值，所以测验总有一定的误差。考生之间的一分之差并不存在显著性差异，并不能代表两名考生之间的素质真的存在水平上的差异。因而考试分数以等级呈现有利于合理使用考试成绩，发挥其价值。相比于职业技能而言，高等职业院校对考生文化成绩方面的要求并不高。

---

① 宋宝和，赵雪. 高中学业水平合格性考试的设计及价值分析 [J]. 中国考试，2019（01）：19–23.

② 杨君，张宇超，夏君生. 高中学业水平合格考制度设计逻辑、现实困境与应对策略 [J]. 中国教育学刊，2021（11）：39–43.

这不仅是生源本身素质决定的，也是高等职业院校的人才培养目标决定的。高中学业水平考试的功能之一便是对高等职业院校考生的文化理论知识进行检测，以保证考生具备一定的文化知识水平。因此，高等职业院校不需要学业水平考试对学生的文化水平进行十分精确的区分，只需要保证达到一定水平即可。等级的呈现形式则可以较好地满足这个需要。

然而，学业水平考试成绩仅仅以等级形式呈现是不够的，还需要以标准分的形式呈现。虽然高等职业院校总体上对考生的文化水平要求不高，但是也不否认个别质量较高的高等职业院校需要对考生之间的文化理论知识进行十分精确的比较。高等职业院校中也不乏顶尖学校，这些学校中的部分学生将来也有可能继续进行更高层次的学习，例如考取研究生。他们也需要较高的文化水平。此外，学业水平考试也是应用型院校的重要入学考试。现如今，我国应用型院校的入学竞争仍十分激烈，需要十分精确的考试成绩来为考生之间的比较提供足够的说服力。因此，除了等级，学业水平考试成绩也需要以分数形式呈现。将选考成绩呈现为标准分是比较科学的做法。然而如果只呈现标准分的话，考生和家长会因无法确定是否出现记分失误而对标准分数制度缺乏一定的信任感。为了消除考生和家长的疑惑，则还需提供原始分数。因此，学业水平考试的成绩应分原始分数、等级制和标准分三种形式表达。中职学业水平考试中文化课考试成绩的呈现方式同样如此。

二、职业技能测试的成绩呈现方式

我国针对普通高中生和"三校生"采取不同的职业技能测试形式：普通高中生接受职业性向测验，对其职业倾向进行检测；三校生则通过中职学业水平考试对其专业技能进行测试。考试结果在高等职业院校招生录取中的价值不同、发挥的作用不同，考试成绩的呈现形式相应地也不同。对于高等职业院校来说，考生文化水平仅仅是一项比较基础性的要求，是考生进一步学习职业技能的基础，只要考生达到一定水平即可。因此，在招生录取中，考生的文化课考试成绩的呈现不需要非常精确，只要划分为几个等级即可。

职业技能测试的成绩则不同。高等职业院校以培养高质量的专业技术技能型人才为目标，其招生目标自然也是具备较好职业技能的考生。相应地，职业技能考试成绩会在高等职业院校招生录取中占据较大比重、发挥非常重要的作用。报考高等职业院校的考生之间的竞争主要体现为职业技能测试成绩的竞争。高等职业院校招生科学性的要求以及人们对考试公平性的追求都表明职业技能测试成绩需要呈现为非常精确的分数。然而，如前所述，使用原始分数作为高校招生录取的依据是非常不科学的。因此，职业技能测试的成绩应该呈现为标准分。

然而，进入高等教育普及化阶段后，我国高等职业院校录取率已经非常高，适应性成为高等职业院校招生考试的主要特征。除了个别质量非常高的院校以外，多数高等职业院校的招生并不是很激烈，甚至部分院校面临招生困难。在这样的背景下，高等职业院校对考生职业技能测试成绩的要求往往是达到一定程度即可。加之高等职业院校面临生源不足的问题，高等职业院校招生没有分分必争的必要，也没有分分必争的条件。此外，在全面发展人才理论的引导下，综合评价已成为我国高等职业院校招生评价的发展方向。职业技能测试成绩以分数呈现也不利于考生的全面发展。因此，职业技能测试成绩不仅需要呈现为标准分，还需要呈现为等级。

在高等教育普及化阶段，个别声望较好、质量非常高的高等职业院校入学竞争仍然十分激烈，需要有十分精确的可比较的依据进行招生决策。所以职业技能测试成绩需要呈现为标准分数，以方便那些入学竞争仍十分激烈的高等职业院校招生的需要。另一方面，大多数的高等职业院校招生录取率是非常高的，其选择生源的余地不大，所以对于职业技能测试成绩没有必要要求那么精确，能够对考生的职业技能水平进行一定程度的测试即可。职业技能测试成绩还需要呈现为等级的形式，以方便那些入学竞争并不激烈的高等职业院校选择考生。因此，职业技能测试的成绩不仅需要呈现为标准分，还需要以等级形式呈现。高等职业院校则根据自己的需要在招生标准中提出要求，是需要等级形式的成绩还是标准分形式的成绩。

三、综合素质评价的成绩呈现方式

目前来看，将综合素质评价纳入高等职业院校考试招生是改变以考试成绩为唯一录取标准的高考制度的唯一举措，因为传统高考和学业水平考试关注的都是分数。[①] 然而，综合素质评价要想真正发挥其价值、引导评价更加全面，其评价结果的呈现形式必须能够既科学又可行。按照《普通高中学生综合素质评价》要求，"高等学校在招生时要根据学校办学特色和人才培养要求，制定科学规范的综合素质评价体系和办法，组织教师等专业人员对档案材料进行研究分析，采取集体评议等方式作出客观评价，作为招生录取的参考"。从此文件可以看出，综合素质评价纳入高考评价体系应该按照"谁使用，谁评价"的原则，由高中学校将学生的综合素质档案材料提供给高等职业院校使用。之所以由高等职业院校对学生的综合素质进行评价，而非高中学校，主要是基于以下三个方面的考虑。

第一，容易招致腐败。如果将综合素质评价纳入高等职业院校考试招生，那它就成了名副其实的高利害性评价：每一个等级、每一项分数，都会影响到诸多学生的命运。在这种情况下，难免会有人利用权势、关系等一切可以运用的手段，来提升自己孩子的综合素质评价结果。在当前的环境中很难保证综合素质评价的结果不受人情、关系等因素的干扰。在高中学校这个诚信制度相对不健全的机构中，则更是如此。不仅如此，高中学校在提升高考录取率的动力驱使下，也存在为综合素质评价结果"注水"的可能性。现阶段，高考升学率成为评价一所高中学校教育质量优劣的关键指标，升学率的高低直接影响着高中学校的生源数

---

① 罗祖兵.综合素质评价纳入高考的两难困境及其突围 [J]. 全球教育展望，2015（08）：31-40.

量和质量，也是教育行政部门对学校进行年度考核的重要指标。[①] 这种具有明显功利主义色彩的价值观会驱使他们在综合素质评价环节应付差事、弄虚作假。

第二，高中学校并非对学生综合素质进行评价的最合适的选择。教育评价是对教育过程和结果的描述与价值判断，是一项比较专业的工作，需要专业人士进行。高中学校是进行基础教育的机构，虽然教师需要具备一定的教育评价知识，但是对于评价综合素质来说则是远远不够的。

第三，高等职业院校及其专业才是对考生综合素质进行评价的合适选择。综合素质纳入考试招生体系，就是要为高等职业院校提供有关考生的更加全面的依据，为高等职业院校招收到合适的生源服务。而高等职业院校和专业需要什么样的生源，什么样的生源才具备成功完成高等职业学校学业的潜力，这是只有高等职业院校以及相关专业的学科专家才了解的事情。因此，考生的综合素质材料应该由高中学校负责提供，高等职业院校具体使用。高等职业院校的人才培养目标能否实现、其办学质量能否得到社会认同，很大程度上取决于能否招收到合适的生源。高等职业院校在招生录取环节应该表现得更加积极主动，根据培养目标对考生提出相应的要求。具体到综合素质评价来说，应该由高等职业院校各个专业对考生的综合素质进行评议。

综合素质由高等职业院校进行评价，其依据应该是经由高中学校记录、整理的综合素质材料。由高中通过写实记录、整理遴选、公示审核等步骤形成的档案材料呈现给高等职业院校招生团队使用。因为综合素质评价事关高等职业院校的人才选拔，高职不能总是等着地方教育主管部门把所谓"合格"的人才输送给自己，而是应该主动去挑选自己认为"合适"的生源。在录取新生时，高等职业院校根据自己的办学理念对每一位考生的综合素质进行审查和认定，结合笔试成绩作出录取与否

[①] 李柱朋.综合素质评价纳入高考招生的公平性困境与出路[J].考试研究，2016（03）：29-33.

的决策，选出适合自己需要的学生。例如，招收文秘的专业就关注学生的语文成绩以及相应的人际交流沟通能力；公关礼仪专业则对考生的外貌以及身高等条件有所要求。

第二节　综合评价机制

将考试分数作为高等职业院校招生的唯一录取依据，不仅是对考试这个测量工具的过度使用，而且也会影响高等职业院校招收合适生源目标的实现。2014年出台的《国务院关于深化考试招生制度改革的实施意见》明确提出"要形成分类考试、综合评价、多元录取的考试招生模式"，显示出了国务院超越"唯分数论"的决心。上一节仅仅是对各种考试成绩的呈现形式进行了论述，为进一步对考生作出科学、合理的评价提供了依据。接下来则需要高等职业院校根据考试成绩对考生进行综合评价，实现从考试到评价的转变。

一、实行综合评价的原因

高等职业院校在招生录取过程中会根据考生具备的各种考试成绩对考生进行评价，判断其是否适合入读本院校和专业。由于长期以来我国高等职业院校招生仅以高考成绩作为录取依据，所以考试成绩成为其唯一的评价指标。这使得大家误以为考试成绩即高等职业院校对考生的评价结果，其实不然。评价是"泛指衡量人物或事物的价值"，是通过系统地收集信息，对教育目标及实现目标的教育活动进行优缺点和价值判断的过程。考试成绩仅仅是反映考生某一方面素质的依据之一，并不能够比较全面、科学地反映出考生各方面的素质能力。"唯分数论"不仅不利于高等职业院校全面衡量考生、选择到合适的考生，而且分数的工具价值使得高中学校的教学以提高分数为中心，十分不利于学生的全面发展。[①]综合评价理念则是针对"唯分数论"所带来的弊端而提出的，是帮助高等职业院校科学、全面衡量考生，引导高中教育走出"应试陷阱"的重要举措。

第一，综合评价是对"唯分数论"的超越，是提高考试招生科学性的必然要求。长期以来，高等职业院校招生评价过程中学科成绩压倒了全面发展，统一标准掩盖了个性发展，"一考定终身"的弊端延伸，扭曲了教育价值观，恶化了教育秩序。[②]高考分数代表的学科成绩成为高校招生的唯一依据。然而，高考分数作为一次性的考试成绩，受考试形式、内容、环境等多种因素的影响，具有一定的偶然性，并不能准确反映考生的真实水平。此外，各科考试分数的简单相加并不能代表考生的整体水平。因为不同考试科目、不同难度的成绩简单相加，无异于将体检中的"身高"与"体重"相加。可见，考试分数作为唯一录取依据既不科学，也不能对学生进行准确有效的评价。综合评价则是对考生各个方面的素质进行评价，能够纠正"唯分数论"所带来的对考生评价上的误差。

第二，综合评价是全面发展的要求。评价理念反映了高等职业院校的人才观，有什么样的评价理念，就代表高等职业院校喜欢招收什么样的学生。高等职业院校如果仅仅依靠分数对考生进行优胜劣汰的选择，则很可能只会选择到发展比较畸形的学生，不利于高等职业院校以后的人才培养工作和教育教学目标的实现。高等职业院校只有坚持综合评价的理念，对考生进行比较全面的考核和评价，才能对考生成功完成高等职业院校学业的概率作出准确预测，也才能真正选择到合适的学生。

高校考试招生活动具有导向功能，它的评价理念还可以影响到高中的教育教学工作。高中学校、教师以及家长等在利益的驱使下，往往十分重视高等职业院校考试招生过程中看重的学生素质，而对于高等职业

---

① 杜瑞军，钟秉林. 高校综合评价招生模式的改革动因、经验启示及未来走向 [J]. 北京师范大学学报（社会科学版），2021（04）；58-73.

② 王烽. 高校招生"综合评价"的价值导向和制度建构 [J]. 北京大学教育评论，2013（01）：157-163.

院校不关注的学生素质则较为忽视。"唯分数论"的评价理念就很容易使高中学校和学生等将所有的精力投入到提高学生考试分数的事情上，而忽视学生其他方面的发展，不利于学生的健康成长。"仅仅关注学生学什么考什么，或者说在命题形式上尽量追求灵活，但学生的兴趣爱好、不同学生身上表现出的独特的综合智能类型没有得到应有的重视。至于学生各种潜在的智能以及环境和社会对学生的影响就更无法在高考中体现了"[①]。

张楚廷曾在《全面发展的九要义》中提出，"全面发展是基本面的发展"，"全面发展是发展全面"。如果学生将所有精力花费在提高分数上，必然会因忽视其他方面的发展而显得畸形。高中教育阶段属于基础教育，重在培养合格的公民，使其具备基本的人文素质。因此，高等职业院校应该坚持综合评价的招生理念，通过多种考试成绩、多种考试形式和考试内容等对考生进行比较全面的评价。这样不仅有利于帮助高等职业院校选出合适的生源，也有利于对高中教育发挥积极的导向作用，引导高中教育走出应试教育的泥潭，实施好素质教育。

第三，高等职业院校招生环境有利于综合评价的实施。综合评价是高校招生改革的重要内容。艺术体育类招生按综合成绩进行录取，军事等特殊类型招生按统考成绩和面试相结合的评价模式选拔，这是综合评价招生的萌芽。[②]2007年7月，中南大学在湖南启动"综合评价录取"试点，是国内最早采用综合评价进行录取的实践探索。至2016年，全国已有几十所高校加入综合评价招生改革试点。虽然我国普通高考进行综合评价改革已取得了不小成效，但是普通高等院校的招生环境仍然不具备大规模推广综合评价的条件。一方面，我国高等教育资源的供给与庞大的接受高等教育的需求之间的矛盾仍然十分尖锐，需要具有"刚性"

---

① 韩保清.多元智能理论与高考内容改革[J].教育理论与实践，2013（22）：24-27.

② 边新灿.高校综合评价招生改革的发展历程、模式和价值取向——兼与自主招生的比较[J].中国考试，2016（08）：14-22.

特点的考试分数在高校考试招生录取中发挥主要作用；另一方面，我国高等院校内部的权力配置仍然不够科学、合理，并不能满足进行综合评价、作出科学录取决策的要求。然而，高等职业院校的招生环境则与之不同，具备大规模实施综合评价的条件。我国高等教育的快速发展，为高等职业教育的招生改革释放出了巨大的空间。由于我国高等职业院校招生的社会关注程度本来就比较低，加上高等教育普及化的冲击，使得我国高等职业院校的录取率非常高。较高的高考录取率使得高等职业教育资源的供求矛盾较为缓和，社会各方面对高职招生改革的承受度也相对较高，各利益主体对公平的追求相对普通高等教育而言也没有那么激烈。这就为高等职业院校综合评价改革提供了较为宽松的外部环境。

二、综合评价的决策机制

综合评价是指采用多种评价方式，对学生的综合素质进行评价后，将多种成绩量化，按比例合成综合成绩，在此基础上进行选拔的制度。[①]高等职业院校制定的招生标准中主要包括文化素质成绩、职业技能测试成绩和综合素质评价三个要素。相应地，在招生录取过程中，高等职业院校如果采用综合评价的理念，则主要是对这三个方面的条件进行综合考虑。2014年国务院在《关于深化考试招生制度改革的实施意见》中提出："中职学校毕业生报考高职院校，参加文化基础与职业技能相结合的测试。普通高中毕业生报考高职院校，参加职业适应性测试，文化素质成绩使用高中学业水平考试成绩，参考综合素质评价。"因此，高等职业院校对考生的评价主要是沿着依据文化基础和职业技能测试成绩、参考综合素质评价的思路。评价理念的落实需要有相应的操作规则来实现，综合评价同样如此。根据高等职业院校对考生在文化基础和职业技能成绩方面的要求，这里设计两种录取规则："条件式"和"权重式"。

---

① 杜瑞军、钟秉林.高校综合评价招生模式的改革动因、经验启示及未来走向 [J].北京师范大学学报（社会科学版），2021（04）：58–73.

（一）条件式

在关于考试方式合理定位的章节已经就文化素质考试与职业技能测试在高等职业院校招生标准中的地位进行过阐述。虽然文化素质是高等职业院校学生发展为高水平技术技能型人才的基础，但是对于以培养高级技术技能型人才为教育目标的高等职业院校来说，考生的文化水平够用、达到一定程度即可。在文化水平够用的基础上，卓越的职业技能才是高等职业院校追求的目标。如果是按照条件式来制定录取规则的话，则可以将文化素质成绩达到一定等级作为考生报考高等职业院校及专业的前提条件。只有文化素质达到该条件，才可以凭借职业技能成绩和综合素质评价报考心仪的高等职业院校及专业。在以职业技能测试成绩为主要依据进行招生录取决策的同时，为了切实发挥综合素质评价在高等职业院校招生中的作用，笔者建议高等职业院校可以采取基于综合素质评价的差额招生策略。第一，每所高等职业院校在考试招生活动开始前必须制定好基于综合素质评价的录取方案。第二，在进行招生录取决策时，可以采取基于综合素质评价的差额录取办法，即按照高于高等职业院校实际录取人数的适当比例（例如150%）投档，然后由高等职业院校基于自己的要求，选择在综合素质上符合自己要求的学生。当其放弃分数稍高、综合素质稍低而录取分数稍低、综合素质稍高的学生时，必须给出公开说明，公开相关信息，接受各利益相关者的监督。这样，职业技能测试成绩和综合素质评价都发挥了相应的价值。

（二）权重式

根据第三章考试方式的理论设计的相关阐述，在高等职业院校招生录取中，职业技能测试成绩所占比重不能低于文化素质考试成绩的比重。如果用权重式的录取规则来实现对考生的综合评价，则可以采用文化素质考试成绩和职业技能测试成绩分别占据一定的权重，然后相加，最后参考综合素质评价。具体来说，第一，先用文化素质考试成绩和职业技能测试成绩计算出的总分投档，可以按照高于高等职业院校实际录取人数的适当比例（例如150%）投档。第二，由高等职业院校内部的招生委员会在综合职业技能测试成绩和综合素质评价的基础上作出录取与否的决策。招生委员会可以根据之前制定的专业招生录取标准对进入某高等职业院校录取环节的考生的考试总分和综合素质评价进行综合考虑。如果考试总分稍低的考生，其综合素质评价中有与该专业要求相关的特殊表现的话，则可以按照规定对其作出录取决策。此外，还要对考试分数稍高而未被录取的考生作出说明。当然，这一切都依赖于两个条件：一是要组建高水平的高等职业院校专业组；二是要制定出科学、稳定的专业招生录取标准。只有具备这两个条件，基于综合素质评价的差额录取才能实现，综合评价的理念才能真正得到落实。

第三节　相应配套措施

高等职业院校考试招生制度改革是一个牵涉面极广、牵一发而动全身的系统工程，任何改革目标的实现都需要出台相应的配套措施。缺乏配套措施，再完美的制度或改革举措都不能实现其价值。高等职业院校考试招生制度同样如此。通过前面几章的努力，虽然初步构建起了一个高等职业院校招生考试体系和招生录取决策制度的框架，但是如果不建立相应的配套措施为其"保驾护航"，很有可能所有的制度构建会因缺乏可运行的外部环境而"土崩瓦解"。高等职业院校考试招生主要涉及高等职业院校、政府与社会以及高中学校三方面的机构。因此，对于相应配套措施的构建也将从这三方面进行。

一、高等职业院校

高等职业院校考试招生制度是为高等职业院校选择合适生源而建立的，所有考试招生制度的建立都服务于高等职业院校招收合适生源的需要。而高等职业院校招生目标的实现除了需要构建一系列的考试招生制度之外，还需要高等职业院校在许多方面作出改进。对于高等职业院校来说，除了需要制定出科学可行的招生标准之外，还要制定合理分配校内权力、建设招生委员会、健全信息公开制度以及科学分配招生指标等一系列配套措施。

首先，高等职业院校需要构建良性的权力运行环境。制定科学的招生标准以及作出正确的招生决策都需要体现校内学术权力的意志。学术权力是由专家学者所具有的专业学术地位而形成的一种影响力。在招生问题上，大学教授理应最具资格选拔、决定谁获得受教育的机会。[①] 因此，大学教授在招生问题上应该具有较大的发言权。然而长期以来，大学内部组织结构实际上是政府主管部门组织结构的向下延伸，这种体制强化了大学内部的行政权力和行政系统，致使学术权力的作用难以得到充分发挥。高校招生权主要掌握在高校行政管理者手中，大学教授的发言权则极其微弱。这样的权力分配不仅不利于高等职业院校招收到合适的生源，而且容易使得高校趋于行政化。为了高等职业院校能够制定出科学的招生标准，招生权需要体现为学术权力的意志，行政权力仅仅是为落实高等职业院校制定招生标准的招生权这种学术权力提供行政保障。权力具有扩张性，学术权力如同行政权力一样，也存在滥用的可能性。因此，学术权力也要接受行政权力等因素的制约。高等职业院校只有建构起良性的权力运行结构，其招生权体现为有制约的学术权力，各院系制定出科学的招生标准才存在可能性。

其次，高等职业院校要建设招生委员会。高等职业院校招生权体现为有制约的学术权力仅仅是为高等职业院校制定出科学的招生标准提供了可能性。其目标的实现还需要借助于拥有学术权力的决策机构。长期以来我国高校招生往往以考试总分为唯一录取依据的做法使得高等职业院校没有制定科学招生标准的必要性，加上较低的投档比例，高等职业院校直接成为考生的"接收站"，根本不具备制定招生标准的能力。随着我国高等教育入学机会供求矛盾的缓解以及对"唯分数论"弊端的认

---

① 吴坚.高校管理中学术权力与行政权力的协调[J].高等教育研究，2005（08）：33-37.

识，综合评价逐渐成为高等职业院校招生录取的主要评价导向。招生标准的增多不仅意味着对考生的评价更加全面，也意味着大大增加了高等职业院校作出科学录取决策的难度。在以考试总分为唯一录取依据的情况下，高等职业院校几乎不需要专业的招生人员。然而，综合评价的实施则使得录取工作更加科学、更加专业化，需要组建专业的团队。建立以学科专家为骨干的招生委员会成为高等职业院校制定科学招生标准、作出正确招生录取决策的必要措施。

再次，建立高等职业院校招生信息公开制度。信息公开制度是高等职业院校招生工作接受社会大众监督的途径。缺乏社会监督的高等职业院校招生权很可能陷入因权力过小而放权，又因权力寻租而被教育行政部门收回的怪圈。建立信息公开制度，一方面有利于对高等职业院校的招生权这种学术权力进行监督，以更好地为招生服务；另一方面也可以给社会呈现出良好的院校形象，可以提高知名度，增加报考的考生数。

最后，高等职业院校要制定科学、全面的招生章程。如果说学术权力是高等职业院校招生保持科学性的灵魂，招生委员会是实现招生目标的机构，招生章程则是高等职业院校招生标准等一系列规定的具体呈现。缺乏招生章程的高等职业院校，其招生很容易偏离高等职业院校招生的初衷。招生章程不仅规定了招生标准、录取规则，还明确了招生计划以及招生指标如何投放。高等职业院校的招生对象主要包括普通高中生和"三校生"，这两部分生源的素质结构有着较大差别。普通高中生的文化素质较好，但是却没有接触过职业技能培训。"三校生"则正好相反，他们接受了系统的职业技能训练，但是文化素质却显著低于普通高中生。而高等职业院校中部分专业对职业技能有较高的要求，部分专业则对文化素质有较高的要求。这两者如何匹配成为高等职业院校招生需要解决的问题。招生指标的投放是解决此问题的较好的方法。高等职业院校可以将对职业技能要求较高的招生指标投放在"三校生"中，将对文化素质要求较高的招生指标投放在普通高中生中。

二、普通或职业高中

从精英阶段进入普及化阶段，我国高等教育发展呈现出多样化的趋势，出现了以培养不同人才类型为目标的多种高校。相应地，高中学校作为高等职业学校学生的重要来源，其发展必然也需要实现多样化，才能与高等教育人才培养相匹配。只有高中学校的人才培养类型更加多样，高等职业学校的生源才能更加多样，高等职业教育的多样化发展才存在实现的可能。除此之外，我国高等职业院校考试招生制度的改革与建立也使得高中学校需要作出相应的调整以配合高考实现改革目标。这也是我国高等学校考试招生的"指挥棒"效应对高中教育教学产生影响的体现。

首先，高中学业水平考试要求高中学校实施走班教学。2014 年国务院出台的《国务院关于深化考试招生制度改革的实施意见》（以下简称《实施意见》）规定，学生的高考总成绩由语文、数学、外语三个科目成绩和高中学业水平考试三个科目成绩组成，计入总成绩的高中学业水平考试科目，由考生根据报考高校要求和自身特长，在思想政治、历史、地理、物理、化学、生物等科目中自主选择。随后上海市和浙江省出台的高考综合改革试点方案实行了同样的选考形式。考生自主选择选考科目，这意味着高中的教学班由之前的文理两个班变为 20 个学科班。这就要求高中必须配备 20 个不同的教学计划。但是这在实际教学中是难以实现的。学生选择多样化，既需要学校课程具备多样化和选择性，又要求课堂教学具有适切性和有效性。[①] 因此，必须改革高中的教学组织形式，实行走班教学。所谓"走班制"是指学科教室和教师固定，学生根据自己的成绩、兴趣、理想等因素选择适合自身发展的班级上课，不同层次的班级，其教学内容和程度要求不同，作业和考试的难度也不

---

① 任学宝. 新高考背景下如何实施选课走班教学？——基于杭州师范大学附中的实践与探索 [J]. 教育测量与评价（理论版），2016（04）：52-55.

同。[①] 浙江省走在走班教学改革的前沿，对走班教学有着丰富的改革经验，值得其他省份学习借鉴。

第二，高中学校要提供选科指导服务，帮助学生更好地认识自己，做好规划。《实施意见》提出要增加学生选择权，促进科学选才。在高考综合改革试点方案中也确实将高中学业水平考试分为等级性考试与合格性考试、取消文理分科。对学生而言，这次高考综合改革比较大的变化，就是确定选考科目的问题。以往简单的文、理二元对大多数文、理倾向非常明显的考生来说，跟以往没什么差别。少数学生会面临选择的困难，比如6科平均发展、都很好，或者6科都不怎么样，或者1科不错、其他几科不怎么样的考生，就可能不知道怎么选择才能体现自己的相对优势，需要学校为考生提供选科指导服务，帮助考生综合考量多种因素，作出科学、合理、适合自己的科目选择。

第三，高中教育的多样化发展。进入普及化阶段以后，我国的高等教育呈现出非常快速的发展趋势。高等教育普及化的前提是多样化。如果没有多样化，高等教育将一直处于量变的状态。高等教育多样化的发展，相应地也需要招收到各种各样、素质各异的生源。这自然也对高中教育的多样化提出了要求，需要高中学校培养出全面而有个性的高中毕业生。高中学校如果缺乏特色，"千校一面"，显然是无法为高等职业学校提供多样化的生源的。除了高等教育的要求以外，全面发展的教育理念也对高中教育的培养目标提出了不同的要求。全面发展的本质是个性发展，这就要求高中学校办出特色，办出个性。只有高中学校体现特色，有比较多样的教学内容、教学方式等，才能够培养出不同类型的学生，综合素质评价才有意义，也才能切实实现学生的个性发展。

三、教育主管部门

高等职业院校考试招生，本质上是考生选择适合自己的院校和专

---

① 罗祖兵，秦利娟，张超.将学业水平考试纳入高考的困窘与对策[J].现代教育科学·高教研究，2015（02）：138–142.

业以及院校和专业选择适合自身生源的过程，似乎高等职业院校只需要提出自己对生源的要求和考生依据自己的表现选择相应的院校和专业即可。然而，事实并非如此。高等学校考试招生是一个非常庞大的系统工程，涉及诸多的利益群体。招生工作仅有高等职业院校和考生两者参与是远远不够的，还需要第三方参与到高等职业院校考试招生工作中来，提供相应的服务。在高等职业院校招生目标的实现过程中除了高等职业院校和高中学校之外，还需要教育主管部门等提供一系列相应的服务。

第一，招生考试机构需要提供优质的录取服务。省级招生委员会关于招生录取方面的职责主要有：执行教育部有关高等学校招生工作的规章，结合本地区实际制定必要的补充规定或实施细则并向社会公布；汇总并公布高等学校在本省（自治区、直辖市）的分专业招生计划和有关招生章程；指导和监督高等学校执行国家招生政策及本校的招生章程；负责考生信息采集及电子档案制作、录取以及其他有关工作。其中，服务的内容主要体现在指导高等学校执行国家招生政策及本校的招生章程和考生信息的采集与提供。①

在高等职业院校招生录取工作中，招生考试机构需要提供的服务内容主要体现在三个方面：（1）以标准分和等级的形式提供考生的总分和各科分数。省级招生委员会拥有考生的各种成绩，应该将考生的各科成绩和总分以标准分和等级的形式呈现给高等职业院校。至于考试成绩以标准分和等级形式呈现的科学性依据之前已有论述，不再赘述。（2）提高投档比例，比如提高到150%或200%。在投档比例比较低的情况下，考试成绩的高低基本就决定了录取与否，综合评价在其中并没有发挥价值的余地。只有当提高投档比例时，高等职业院校的录取决策权才能真正得到落实，综合评价也才能有发挥作用的空间。（3）采用"一档多投"的投档模式。提高投档比例，实行综合评价必然导致的一个结果就是比较高的退档率。采用"一档多投"的投档模式则可以较好地解决这个问题。

---

① 吴根洲. 高考效度研究 [M]. 武汉：华中师范大学出版社，2008：195.

"一档多投"突破了传统平行志愿"一档一投"录取模式的局限，一个考生的电子档案可以同时投放多所院校。[①]具体的投档流程为：在高等职业院校招生录取时，省级教育考试院将同一名考生的档案同时投放给考生填报的符合投档条件的所有高等职业院校专业。高等职业院校则按照事先公布的招生章程中的录取规则，对符合录取规则的考生进行预录取排序，不符合条件的考生则提出退档意见及理由，并提交省教育考试院审核。每位考生最多只能被一所院校录取或不录取。

第二，由专业的考试机构提供考试服务。《国家中长期教育改革与发展规划纲要（2010—2020 年）》对推进考试招生制度改革提出了明确的要求：探索招生与考试相对分离的办法，政府宏观管理，专业机构组织实施，学校依法自主招生，学生多次选择，逐步形成分类考试、综合评价、多元录取的考试招生制度。可见专业化的考试机构既是推动考试与招生相分离的关键，也是开展"一年多考""分类考试、综合评价"，深入推动"学校依法自主招生"的必然要求。[②]由专业的考试机构提供考试也是提升教育考试服务功能和服务水平的需要。

我国的教育考试机构基本上依附于教育行政部门，管理意识强而服务意识弱。在具体的实施中不仅职能定位错位，既当"运动员"，又当"裁判员"，而且专业化程度不高，致使考试项目研发、命题、考试评价等核心业务缺少应有的理论研究和技术水平。因此，建立专业的考试机构已成为我国提高考试科学性的必然选择。教育考试机构的社会责任源于教育考试的目标是为教育的改革与发展服务、为人才的选拔和培育服务，进而为提升国民素质服务；而公平和质量则是教育考试机构的

---

①　曾能建."一档多投"：高校招生录取制度的根本性变革 [J]. 教育与考试，2014（04）：5–8.

②　申瑞杰.专业第三方评价机构：教育考试机构的改革方向 [J]. 教学与管理，2014（36）：60–63.

生存之本。① 专业考试机构的职能定位应该由单纯的考试转变为评价服务。考试机构不仅要根据用户需求提供相应的考试，还要能够根据考试结果做出相应的价值判断。通过深度分析考试数据，甄别学生学习的强项和弱项，对考试的结果做出合适的解释，明确教学中存在的薄弱环节，对教与学提出改进建议。

第三，健全保障制度。要想使综合素质评价纳入高考并发挥其真正的价值，健全的保障制度是必不可少的条件。那些认为综合素质评价不应该纳入高校招生的学者，其理由之一便是它容易导致腐败。然而，我们不能因为综合素质评价存在被腐败的可能而粗暴地将其"拒之门外"，因为导致腐败的根本因素并非综合素质评价本身，而是与之有关的制度和环境。此外，综合素质评价纳入高等学校考试招生工作所带来的好处要远大于它产生的弊端，而且其弊端也是可以被解决的。因此，解决综合素质评价存在的问题的途径不是反对将其纳入高校招生而是建立健全保障制度，给它提供一个良好的运行环境。综合素质评价需要一个公正诚信的社会环境。因此，首先需要加强社会民主建设与法治建设，建立诚信制度。此外，还需要建立起审查制度、公示制度、举报制度、复议制度、申诉制度、责任追究与处罚制度等。只有健全和执行各项必要的制度，才能为综合素质评价的实施营造良性的支持性环境，保证评价过程的公平性与科学性。

四、行业企业

校企合作是职业教育的根本属性，是职业教育高质量发展的关键。职业院校若要实现其办学目标，培养出高质量的技术技能型人才，就应当遵循产教融合、校企合作的基本规律。作为高等职业院校的重要组成部分，考试招生制度是为高等职业院校选拔合适生源的基本制度，自然应当遵循产教融合、校企合作的实践原则。然而，受职业教育产教融合、

① 张静. 关于加快教育考试机构专业化建设的思考 [J]. 考试研究，2012（06）：56-63.

校企合作整体实践状况不佳的影响，高等职业院校考试招生环节同样存在行业企业参与度不高，主体地位未能彰显的情况。考试招生环节行业企业的缺位严重制约高等职业院校招生目标的实现。为构建完善的高等职业院校考试招生制度，需要加强行业企业的参与和支持，为高等职业院校考试招生制度的构建提供保障。具体来说，行业企业应当通过以下四方面为高等职业院校考试招生提供支持。

第一，制定招生标准。高等职业教育是与普通高等教育具有同等重要地位的一种教育类型，以培养高水平的技术技能型人才为目标。不同的人才培养目标对生源有着不同的要求，需要在招生环节加以筛选。在此过程中，行业企业扮演着极其重要的角色。一方面，行业企业是技术技能型人才的需求方，对于就业市场需要什么标准、什么素质的技术技能型人才，行业企业掌握着第一手信息，具有极大的发言权；另一方面，行业企业也是职业高等教育的重要办学主体、育人主体，在培养技术技能型人才过程中发挥着举足轻重的作用。行业企业这种集人才供给者与人才需求者双重角色于一身的特性，决定了行业企业应当参与制定高等职业院校招生标准，表达自身的用人诉求。[1]招生标准是招生主体对理想生源质量、数量等方面的规定。从质量上看，行业企业应当基于自身以往招聘经验、用人需求，将对生源在理论知识、职业技能、综合素质、道德品质等方面的要求纳入招生标准。因为，一方面，行业企业渴望招聘到具备相应职业技能和基本素质的人才；另一方面，行业企业在长期的招聘过程中积累了丰富的经验，对于行业急需的技术技能型人才十分了解。从数量上看，行业企业应当进行人才需求规模预测，制定明确的招生计划。行业企业，尤其是行业组织是本行业所有企业的领导性组织，对于本行业不同类型人才的需求规模有着清醒的认识，由行业组织对人才需求作出预测，并指导招生计划的制定，可以实现人才供给

---

[1] 邱懿，薛澜.我国高等职业教育考试招生制度现状、问题与展望[J].中国考试，2021（05）：33-39+55.

与人才需求相匹配。

第二，组织技能测试。高等职业院校考试招生制度与普通高考最大的不同之处，可能在于职业技能测试。高等职业教育以培养技术技能型人才为主要目标。具有相应职业技能的考生则是高等职业院校的理想生源。作为中等教育与高等职业教育之间的"桥梁"，考试招生制度发挥着为高等职业教育选择具有初步职业技能生源的功能。能否对考生的职业技能水平进行客观、合理的考查，成为评价职业技能测试是否科学的关键。以往，由于行业企业的缺位，职业技能测试多处于"名存实亡"的状态。为建设高质量的职业技能测试，需要行业企业的积极参与。[①]具体来说，第一，行业企业参与命题。能否科学命题，提供考查职业技能所需的合理考试内容，是首先需要解决的问题。行业企业拥有大量的高级技术人员，由他们负责明确考试范围、测试目标、研制测试题目再合适不过。第二，规范技能考试过程。与纸笔测验不同，职业技能考试采取现场操作，考核规范尤为重要。行业企业应当派遣专业技术人员指导考试，加大考务人员聘评和培训、操作考试细则研制等方面的投入。第三，指导评价。与纸笔测验的标准答案不同，现场操作具有较大的主观性，如何给考生的实践操作打分具有一定的难度。行业企业应当研制打分细则，指导监考老师现场打分。

第三，负责录取决策。行业企业还应当参与高等职业院校考试招生中的录取决策环节。以往，高等职业院校招生以统一高考的文化考试成绩作为唯一依据。文化考试成绩高低直接决定考生能否被录取，这使得考试等同于招生，招考属于一体关系。在此考试招生制度中，招生录取环节"名存实亡"，自然不需要高等职业院校或行业企业进行录取决策。[②]但是如今的高等职业院校考试招生制度则不同，考试招生制度采取了综

① 张晓超，邵建东.职教高考改革的现实困境、应然取向与优化路径 [J].教育与职业，2023（02）：41–46.

② 乔晓艳.职教高地建设背景下高职招生制度实施现状、困囿与改革进路 [J].教育与职业,2023（02）：47–53.

合评价的模式，文化考试成绩只是招生录取依据之一，考试与招生开始分离。这就需要作为招生主体的高等职业院校与行业企业等执行录取决策。行业企业是人才的需求者，尤其应当在其中发挥主导作用。具体来说，行业企业，一方面应当选择录取规则。本书提供了包括"条件式"和"权重式"在内的两种录取规则，不同的录取规则具有不同的特点，适用不同的招生环境，具体应当采用哪一种，这个需要高等职业院校与行业企业依据自身实际情况进行选择。另一方面，当遇到特殊情况时，行业企业可以使用其自主招生招工的权利。作为职业教育的重要育人主体之一，行业企业享有包括组织教育教学活动权、获得劳动报酬权等在内的多种权利，自主招生招工则是其中非常重要的一种，直接决定着行业企业的育人主体地位是否确立，是否能够有效发挥其育人主体作用。因此，当遇到决策难题时，行业企业可以运用其决策权力，作出是否录取的决定。

第四，提供咨询服务。职业教育是与经济社会联系最为紧密的教育类型，以培养行业企业急需的技术人才为主要目标，直接服务于社会经济发展对各类人才的需求。其专业设置也是围绕高等职业院校当地产业结构进行布局的，与区域产业保持着彼此协调的关系。这种特性决定了进入高等职业院校学习的学生多数以就业为目的，希望通过在高等职业院校的技术技能学习，找到一份适合自身的工作。考试招生环节，考生报考高等职业院校及其专业的过程，其实就是学生寻找就业岗位、进行职业匹配的开端。对于高等职业院校的学生来说，越是早日找到适合自己的专业，接受高质量的职业教育，越是能够早日找到自己心仪的工作。可以说，考生是否熟悉各种类型的职业、能否报考合适的高等职业院校及专业，直接影响着自身的就业状况。因此，在报考之前，考生有必要就院校与专业志愿填报进行详细了解。行业企业，尤其是行业协会，作为一种介于政府与企业之间、商品生产者与经营者之间的社会中介组织，在协助政府制定和实施行业发展规划、产业政策，制定并执行行规行约和各类标准，协调本行业企业之间的经营行为，对本行业的基本情况进行统计、分析、并发布结果，研究本行业发展面临的问题，提出建议等方面发挥着重要作用。① 由于信息不对称等因素，学生对高等职业院校及其专业的就业状况等缺乏了解，行业协会则可以利用自身具备的信息优势协助考生报考志愿，帮助其选择适合的职业。

① 赖星华. 高职教育考试招生：校企合作未来发展的领域 [J]. 教育评论, 2014（02）: 21-24.

参考文献

一、专著

[1]董宝良.中国近现代高等教育史[M].武汉：华中科技大学出版社，2007.

[2]胡中锋，李方.教育测量与评价[M].广州：广东高等教育出版社，1999.

[3]姜大源.职业教育学研究新论[M].北京：教育科学出版社，2007.

[4]潘懋元，刘海峰.中国近代教育史资料汇编（高等教育）[G].上海：上海教育出版社，1993.

[5]陈元晖.中国近代教育史资料汇编（实业教育·师范教育）[G].上海：上海教育出版社，2007.

[6]吴根洲.高考效度研究[M].武汉：华中师范大学出版社，2008.

[7]王景英.教育评价[M].北京：中央广播电视大学出版社，2004.

[8]吴雪萍.基础与应用——高等职业教育政策研究[M].杭州：浙江教育出版社，2007.

[9]谢青，汤德用.中国考试制度史[M].合肥：黄山书社，1995.

[10]杨学为等.中国考试制度史资料选编[M].合肥：黄山书社，1992.

［11］于钦波，杨晓.中外大学入学考试制度比较与中国高考制度改革 [M].成都：四川教育出版社，2000.

［12］中国史学会.洋务运动（5）[M].上海：上海人民出版社，1961.

［13］张敏强.教育测量学 [M].北京：人民教育出版社，1998.

［14］赵文华.高等教育系统论 [M].桂林：广西师范大学出版社，2001.

［15］朱有瓛.中国近代学制史料（第一辑·上）[M].上海：华东师范大学出版社，1983.

［16］朱有瓛.中国近代学制史料（第二辑·下）[M].上海：华东师范大学出版社，1989.

二、学位论文

［1］谷魁府.我国普通本科招生的新录取模式研究 [D].南昌：江西师范大学，2008.

［2］关业萍.美国高校多元评价招生制度的研究 [D].沈阳：沈阳师范大学，2014.

［3］韩延伦.大学生文化素质教育课程设计研究 [D].上海：华东师范大学，2003.

［4］匡瑛.高等职业教育发展与变革之比较研究 [D].上海：华东师范大学，2005.

［5］刘婧君.高等职业院校人才培养目标定位研究 [D].成都：四川师范大学，2010.

［6］林文斌.高职对口单招的问题、成因及对策研究 [D].福州：福建师范大学，2010.

［7］乔佩科.中国高等职业教育政策发展研究 [D].沈阳：东北大学，2009.

［8］王海龙.我国高考招生录取模式创新研究 [D].天津：天津大学，

2010.

〔9〕詹嘉仪.高职院校考试招生制度的改革创新：以湖北省技能高考为例[D].武汉：华中师范大学，2013.

三、期刊论文

〔1〕边新灿.高校综合评价招生改革的发展历程、模式和价值取向——兼与自主招生的比较[J].中国考试，2016（08）：14-22.

〔2〕陈洁.高职院校自主招生改革刍议[J].教育发展研究，2008（01）：84-85.

〔3〕程龙.高中综合素质评价与高考实现"硬挂钩"的思考[J].中国考试，2015（10）：22-26.

〔4〕陈为峰.从考试到综合评价：在借鉴中稳健前行[J].考试研究，2011（02）：12-18.

〔5〕陈伟民，魏伟.高职院校单独招生，成为推动招考模式改革的试金石[J].当代职业教育，2010（08）：4-6.

〔6〕崔允漷，柯政.关于普通高中学生综合素质评价研究[J].全球教育展望，2010（09）：3-8+12.

〔7〕樊亚峤.综合素质评价纳入高考录取的阻力与对策[J].中国教育学刊，2016（06）：33-37.

〔8〕郭扬.论高等职业教育的入学标准[J].教育发展研究,1999（10）：73-75.

〔9〕黄斌.高职院校单独招生改革的模式选择及制度保障[J].中国职业技术教育，2012（06）：30-33.

〔10〕黄斌.高等职业院校单独招生考试改革的深度思考[J].黑龙江高教研究，2014（02）：114-116.

〔11〕韩保清.多元智能理论与高考内容改革[J].教育理论与实践，2013（22）：24-27.

〔12〕侯宪君，何景连.谈高职院校自主招生人才选拔模式[J].天津

职业院校联合学报，2009（06）：113-115.

[13] 姜大源. 职业教育：类型与层次辨 [J]. 中国职业技术教育，2008（01）：1+34.

[14] 刘宝剑. 高中生选择高考科目的因素分析与务实策略 [J]. 教育理论与实践，2015（32）：15-17.

[15] 刘宝剑. 普通高中学业水平考试制度设计的十个关键 [J]. 上海教育教研，2014（01）：20-23+15.

[16] 刘宝剑. 高中学业水平考试的新使命与新作为 [J]. 中国考试，2015（04）：8-10+29.

[17] 李飞鸿. 对示范性高职院校自主招生的思考 [J]. 宁波职业技术学院，2009（01）：4-6.

[18] 刘海峰. 高考改革的教育与社会视角 [J]. 高等教育研究，2002（05）：33-38.

[19] 刘海峰. 高考改革中的全局观 [J]. 教育研究，2002（02）：21-25.

[20] 李海宗，陈磊. 德国职业教育衔接模式对我国的启示 [J]. 中国高教研究，2012（09）：100-102+106.

[21] 刘建豪，陈明昆. 技术技能型高考实施的现实需要及困境突破 [J]. 中国职业技术教育，2015（03）：32-38.

[22] 刘晶，郑飞. 我国高职院校单独招生现状研究 [J]. 中国电力教育，2011（28）：74-75.

[23] 罗莲. 告别"标准参照测验"和"常模参照测验"的二元划分 [J]. 中国考试，2007（06）：18-22.

[24] 林其天. 高等职业院校招生的创新性思考 [J]. 教育与考试，2011（06）：16-19.

[25] 梁卿. 论高职考试招生制度改革中的三个基本问题 [J]. 天津工程师范学院学报，2009（02）：52-54.

[26] 赖星华. 高等职业院校自主招生的理念与实践 [J]. 中国职业技

术教育，2009（34）：58-60.

　　［27］雷新勇，周群.从基于标准的基础教育改革的视角审视课程标准和学业水平考试[J].考试研究，2009（01）：46-56.

　　［28］李雁冰.论综合素质评价的本质[J].教育发展研究，2011（24）：58-64.

　　［29］罗祖兵.关于将高中综合素质评价纳入高考体系的思考[J].课程·教材·教法，2011（12）：17-22.

　　［30］罗祖兵.突出个性：普通高中综合素质评价的应然价值取向[J].中国教育学刊，2015（09）：16-20.

　　［31］罗祖兵.综合素质评价纳入高考的两难困境及其突围[J].全球教育展望，2015（08）：31-40.

　　［32］李柱朋.综合素质评价纳入高考招生的公平性困境与出路[J].考试研究，2016（03）：29-33.

　　［33］马翀，马传林.中国高职院校自主招生入学测试现状研究[J].高校教育管理，2010（02）：53-56.

　　［34］马巧英，杜文丽，杨旺.美国社区学院的职业教育对我国高职教育的启示研究[J].价值工程，2010（28）：189-190.

　　［35］南纪稳.高中学生综合素质评价与高考高招的关系研究[J].教育与考试，2013（04）：9-12.

　　［36］潘懋元.教育的基本规律及其相互关系[J].高等教育研究，1988（03）：1-7.

　　［37］潘懋元，覃红霞.高考：从选拔性考试到适应性考试[J].湖北招生考试，2003（Z1）：22-23.

　　［38］任学宝.新高考背景下如何实施选课走班教学？——基于杭州师范大学附中的实践与探索[J].教育测量与评价（理论版），2016（04）：52-55.

　　［39］宋剑祥.中外职业能力测评工具的分析与选择[J].昆明冶金高等专科学校学报，2014（06）：17-24.

［40］宋剑祥，曾娴.职业性向理论与基本要素探析 [J].北京财贸职业学院学报，2013（03）：15-19.

［41］申瑞杰.江苏省中等职业学校学业水平测试的构建 [J].教育与职业，2015（11）：113-115.

［42］申瑞杰.专业第三方评价机构：教育考试机构的改革方向 [J].教学与管理,2014（36）：60-63.

［43］王烽.高校招生"综合评价"的价值导向和制度建构 [J].北京大学教育评论，2013（01）：157-163.

［44］吴根洲.关于构建高等教育基本原则体系的思考 [J].江苏高教，2006（04）：10-12.

［45］吴根洲.论江苏省新高考方案的创新之处 [J].教育与考试，2011（05）：20-22.

［46］吴根洲.试论高考分类型考试的现实性 [J].教育导刊，2006（04）：21-23.

［47］吴根洲.试论高考的职能 [J].江苏高教，2008（03）：88-89.

［48］吴根洲，朱姝.我国职业教育之生源衔接研究——基于美国社区学院双学分运动的思考 [J].成人教育，2011（01）：27-29.

［49］吴根洲.专业优先投档：启动高校考试招生制度改革的"动力按钮" [J].江苏高教，2015（02）：75-78+85.

［50］吴坚.高校管理中学术权力与行政权力的协调 [J].高等教育研究,2005（08）：33-37.

［51］王文涛.高等职业院校单独招生改革试点工作的实践与思考 [J].中国高教研究，2009（08）：86-87.

［52］魏晓峰，张敏珠，顾月琴.德国"双元制"职业教育模式的特点及启示 [J].国家教育行政学院学报，2010（01）：92-95+83.

［53］王伟宜，罗立祝.高职院校分类考试改革:理论、经验与对策 [J].中国高教研究，2014（11）：89-93.

［54］王信琳.心理测验在人才选择中的应用价值 [J].探求，2002

（06）：52–53.

［55］王育培.大众化背景下中高等职业教育衔接的问题研究[J].厦门教育学院学报，2009（04）：30–34.

［56］王志武.高校招生录取综合素质评价研究[J].考试研究，2015（03）：10–15.

［57］徐国庆.高职教育高等性的内涵及其文化分析[J].中国高教研究，2011（10）：68–70.

［58］徐国庆，石伟平.中高职衔接的课程论研究[J].教育研究，2012（05）：69–73+78.

［59］谢革新，曹琼.发挥中职学业水平测试功能需关注三个问题[J].江苏教育，2016（24）：37+4–5.

［60］谢革新，曹琼.江苏省职教数学课程学业水平考试实施分析与建议[J].职业技术教育，2016（17）：48–51.

［61］徐建春.高校招生制度改革的思考[J]教育发展研究，2003（04）：135–137.

［62］徐宁汉，杨帆，余潇潇.世界一流大学本科生选拔体系研究[J].清华大学教育研究，2015（01）：119–124.

［63］杨九诠.综合素质评价的困境与出路[J].华东师范大学学报(教育科学版)，2013（02）：36–41.

［64］袁良栋，咸桂彩.职业性向测试在职业选择、甄选及安置中的效用研究[J].职教论坛，2012（36）：76–79.

［65］杨李娜.台湾大学入学考试制度改革探析[J].教育发展研究，2002（06）：47–50.

［66］杨心.中美高等职业院校自主招生的比较分析[J].职教通讯，2010（09）：41–45.

［67］杨向东，崔允漷.关于高中学业水平考试的比较研究[J].全球教育展望，2010（04）：7–14.

［68］张宝昆，谭开林.大规模教育考试控制社会流动功能研究[J].

北京联合大学学报，1998（04）：99-111.

［69］张楚廷.全面发展的九要义[J].高等教育研究,2006（10）:1-6.

［70］张会杰.基于纪实的实施逻辑：学生综合素质评价政策的特征分析及思考[J].考试研究，2015（04）：3-8.

［71］张静.关于加快教育考试机构专业化建设的思考[J].考试研究，2012（06）：56-63.

［72］曾能建."一档多投"：高校招生录取制度的根本性变革[J].教育与考试，2014（04）：5-8.

［73］郑若玲，万圆.统一高考制度的问题及其成因评析[J].华中师范大学学报（人文社会科学版），2015（04）：154-160.

［74］郑若玲，朱贺玲.探微与创新:高职院校自主招生模式解析[J].复旦教育论坛，2013（01）：63-67.

［75］郑若玲，朱贺玲.我国高职招生变迁与未来发展方向[J].河北师范大学学报（教育科学版），2013（03）：41-46.

［76］周文叶.论表现性评价在综合素质评价中的运用[J].全球教育展望，2007（10）：54-58.

［77］詹先君.高考恢复三十年科目设置改革述略[J].教育与考试，2007（04）：40-44.

［78］周先进，张睦楚.高考改革：高中生综合素质评价的"可为"与"难为"[J].全球教育展望，2014（07）：101-111.

［79］张新民.论清末洋务学堂中的高职教育特征[J].现代大学教育，2004（05）：88-91.

［80］张焱.高职技能考核多元化新模式与制度探究[J].职业教育研究，2014（07）：156-158.